2018
研究前沿及分析解读

中国科学院科技战略咨询研究院
中国科学院文献情报中心
〔英〕科睿唯安

2018 Research Fronts and Analysis

科学出版社
北京

图书在版编目（CIP）数据

2018研究前沿及分析解读 / 中国科学院科技战略咨询研究院等著. — 北京：科学出版社，2019.8

ISBN 978-7-03-062077-4

Ⅰ. ①2⋯ Ⅱ. ①中⋯ Ⅲ. ①社会科学–发展–世界–2018 ②自然科学–发展–世界–2018 Ⅳ. ①C11 ②N11

中国版本图书馆 CIP 数据核字（2019）第177198号

责任编辑：邹　聪　刘巧巧 / 责任校对：韩　杨
责任印制：师艳茹 / 封面设计：无极书装
联系电话：010-64035853
E-mail: houjunlin@mail.sciencep.com

科 学 出 版 社 出版
北京东黄城根北街16号
邮政编码：100717
http://www.sciencep.com

北京汇瑞嘉合文化发展有限公司 印刷
科学出版社发行　各地新华书店经销

*

2019年8月第　一　版　开本：787×1092 1/16
2019年8月第一次印刷　印张：10 1/4
字数：200 000

定价：98.00 元

（如有印装质量问题，我社负责调换）

编纂委员会

专家指导委员会

主　　　任　　白春礼
副　主　任　　丁仲礼　张　涛
执行副主任　　潘教峰　刘会洲　郭　利
委　　　员　　于　渌　李国杰　方荣祥　李永舫　姚檀栋　李树深
　　　　　　　翟明国　喻树迅　李晋闽　张　凤　张晓林　刘　清
　　　　　　　何国威　肖立业　程代展　朱　祯　高彩霞　单保慈
　　　　　　　赵　冰　张建玲　刘会贞　田　野　史建波　施　一
　　　　　　　张正斌　张　雯　何　畅

2018 研究前沿

总体组

科睿唯安　　David Pendlebury　岳卫平　王　琳
中国科学院科技战略咨询研究院　　冷伏海　周秋菊

前沿解读组（前沿命名与重点前沿解读分析）

农业、植物学和动物学　　袁建霞
生态与环境科学　　邢　颖
地球科学　　范唯唯　王海名　杨　帆
临床医学　　李赞梅　李军莲　冀玉静
生物科学　　周秋菊
化学与材料科学　　边文越　张超星
物理学　　黄龙光

天文学与天体物理学　　韩　淋　王海名　杨　帆
数学、计算机科学与工程学　　王海名　王海霞
经济学、心理学及其他社会科学　　裴瑞敏

英文翻译组

袁建霞　邢　颖　周秋菊　范唯唯　王海名　杨　帆　李赞梅　李军莲
冀玉静　边文越　张超星　黄龙光　韩　淋　王海霞　裴瑞敏　岳卫平
王　琳　Christopher M. King

2018 研究前沿热度指数

策　划　　潘教峰
指数设计　　冷伏海
数据分析与报告撰写　　周秋菊
统稿把关　　冷伏海　杨　帆　岳卫平
咨询顾问　　张　凤　刘　清　郭　利

中美研究前沿科研实力比较研究

数据分析、报告撰写及统稿　　周秋菊　冷伏海

数据支持组

科睿唯安
中国科学院科技战略咨询研究院　　王小梅　李国鹏

目 录
CONTENTS

第 1 章　方法论和数据说明 ······· 1
    1.1　背景介绍 ······· 1
    1.2　方法论 ······· 2

第 2 章　农业、植物学和动物学 ······· 7
    2.1　热点前沿及重点热点前沿解读 ······· 7
    2.2　新兴前沿及重点新兴前沿解读 ······· 12

第 3 章　生态与环境科学 ······· 13
    3.1　热点前沿及重点热点前沿解读 ······· 13
    3.2　新兴前沿及重点新兴前沿解读 ······· 18

第 4 章　地球科学 ······· 19
    4.1　热点前沿及重点热点前沿解读 ······· 19
    4.2　新兴前沿及重点新兴前沿解读 ······· 24

第 5 章　临床医学 ······· 25
    5.1　热点前沿及重点热点前沿解读 ······· 25
    5.2　新兴前沿及重点新兴前沿解读 ······· 29

第 6 章　生物科学 ······· 31
    6.1　热点前沿及重点热点前沿解读 ······· 31
    6.2　新兴前沿及重点新兴前沿解读 ······· 36

第 7 章　化学与材料科学 ······· 39
    7.1　热点前沿及重点热点前沿解读 ······· 39
    7.2　新兴前沿及重点新兴前沿解读 ······· 43

第 8 章　物理学 ······· 45
    8.1　热点前沿及重点热点前沿解读 ······· 45
    8.2　新兴前沿及重点新兴前沿解读 ······· 49

第9章　天文学与天体物理学 ········ 51
9.1　热点前沿及重点热点前沿解读 ········ 51
9.2　新兴前沿及重点新兴前沿解读 ········ 56

第10章　数学、计算机科学与工程学 ········ 59
10.1　热点前沿及重点热点前沿解读 ········ 59
10.2　新兴前沿及重点新兴前沿解读 ········ 66

第11章　经济学、心理学及其他社会科学 ········ 69
11.1　热点前沿及重点热点前沿解读 ········ 69
11.2　新兴前沿及重点新兴前沿解读 ········ 74

第12章　2018研究前沿热度指数 ········ 77
12.1　研究前沿热度指数指标体系 ········ 77
12.2　10个学科领域整体国家研究前沿热度指数排名 ········ 79
12.3　国家研究前沿热度指数分领域分析 ········ 85

第13章　中美研究前沿科研实力比较研究 ········ 107
13.1　评价方法 ········ 108
13.2　中美在各领域的科研实力整体比较分析 ········ 110
13.3　中美在各主要领域具体前沿科研实力比较分析 ········ 115
13.4　讨论 ········ 145

附录　研究前沿综述：寻找科学的结构 ········ 149

第 1 章 方法论和数据说明

1.1 背景介绍

科学研究的世界呈现出蔓延生长、不断演化的景象。科研管理者和政策制定者需要掌握科研的进展和动态,以有限的资源来支持和推进科学进步。对于他们而言,洞察科研动向,尤其是跟踪新兴专业领域将对其工作产生重大的意义。

为此,科睿唯安发布了"研究前沿"(Research Fronts)数据和报告。定义一个被称作研究前沿的专业领域的办法,源自科学研究之间存在的某种特定的共性。这种共性可能来自实验数据,也可能来自研究方法,或者概念和假设,并反映在科学家在论文中引用其他科学家的工作这个学术行为之中。

通过持续跟踪全球最重要的科研和学术论文,研究分析论文被引用的模式和聚类,特别是成簇的高被引论文频繁地共同被引用的情况,可以发现研究前沿。当一簇高被引论文共同被引用的情形达到一定的活跃度和连贯性时,就形成一个研究前沿,而这一簇高被引论文便是组成该研究前沿的"核心论文"。研究前沿的分析数据揭示了不同研究者在探究相关的科学问题时会产生一定的关联,尽管这些研究人员的背景不同或来自不同的学科领域。

总之,研究前沿的分析提供了一个独特的视角来揭示科学研究的脉络。研究前沿的分析不依赖于对文献的人工标引和分类(因为这种方法可能会有标引分类人员判断的主观性),而是基于研究人员的相互引用而形成的知识之间和人之间的联络。这些研究前沿的数据连续记载了分散的研究领域的发生、汇聚、发展(或者是萎缩、消散),以及分化和自组织成更近的研究活动节点。在演进的过程中,每组核心论文的基本情况,如主要的论文、作者、研究机构等,都可以被查明和跟踪。通过对该研究前沿的施引文献的分析,可以发现该领域的最新进展和发展方向。

2013 年,科睿唯安发布了《2013 研究前沿——自然科学和社会科学的前100个探索领域》的白皮书。2014年和2015年科睿唯安与中国科学院文献情报中心成立的"新兴技术未来分析联合研究中心"推出了《2014研究前沿》和《2015研究前沿》分析报告。2016年和2017年，中国科学院科技战略咨询研究院、中国科学院文献情报中心和科睿唯安联合发布了《2016研究前沿》和《2017研究前沿》分析报告，这一系列报告引起了全球广泛关注。2018年，在以往系列研究前沿报告的基础上，中国科学院科技战略咨询研究院、中国科学院文献情报中心和科睿唯安推出了《2018研究前沿》分析报告。报告仍然以文献计量学中的共被引分析方法为基础，基于科睿唯安的Essential Science Indicators（ESI）数据库中的10 143个研究前沿，遴选出了2018年自然科学和社会科学的10个大学科领域排名最前的100个热点前沿和38个新兴前沿。

1.2　方法论

整个分析工作分为两个部分：①研究前沿的遴选。138个研究前沿的核心论文及其施引文献的数据提供由科睿唯安完成。②研究前沿的分析及重点研究前沿（即重点热点前沿和重点新兴前沿）的遴选和解读。该部分由中国科学院科技战略咨询研究院战略情报研究所主持完成。此次分析基于2012～2017年的论文数据，数据下载时间为2018年3月。

1.2.1　研究前沿的遴选

《2018研究前沿》分析报告反映了当前自然科学与社会科学的10个大学科领域的138个研究前沿（包括100个热点前沿和38个新兴前沿）。我们以ESI数据库中的10 143个研究前沿为起点，遴选目标是要找到那些较为活跃或发展迅速的研究前沿。报告中所列的138个研究前沿的具体筛选过程如下。

1.2.1.1　热点前沿的遴选

首先把ESI数据库的21个学科划分到10个高度聚合的大学科领域中，然后对每个ESI学科中的研究前沿的核心论文，按照总被引频次进行排序，提取排在每个ESI学科前10%的最具引文影响力的研究前沿，并将其整合到10个大学科领域中，以此数据为基础，再根据核心论文出版年的平均值重新排序，遴选出每个领域中那些"最年轻"的研究前沿。通过上述几个步骤在每个大学科领域分别选出10个热点前沿，共计100个热点前沿。因为每个领域具有不同的特点和引用行为，有些学科领域中的很多研究前沿在核心论文数和总被引频次上会相对较小，所以从10个大学科领域中分别遴选出的排名前10的热点前沿，代表各大学科领域中最具影响力的研究前沿，但并不一定代表跨数据库（所有学科）中最大最热的研究前沿。

1.2.1.2　新兴前沿的遴选

一个有很多新近的核心论文的研究前沿，通常提示其是一个快速发展的专业研究方向。为了选取新兴的前沿，组成研究前沿的基础文献即核心论文的时效性是优先考虑的因素。这就是为什么我们称其为"新兴前沿"。为了识别新兴前沿，我们对研究前沿中的核心论文的出版年赋予了更多的权重或优先权，只有核心论文平均出版年在 2016 年 6 月之后的研究前沿才被考虑。将每个 ESI 学科中超过出版年阈值的研究前沿按被引频次从高到低排序，选取被引频次排在前 10% 的研究前沿，然后各学科战略情报研究人员经过调研和评审，遴选出每个 ESI 学科中的新兴前沿，并将其整合到 10 个大学科领域中，从而遴选出了 10 个大学科领域的 38 个新兴前沿，这 38 个新兴前沿最早的平均出版年是 2016 年 6 月。遴选不限定学科，因此 38 个新兴前沿在 10 个大学科领域中分布并不均匀，如生态与环境科学，地球科学，经济学、心理学及其他社会科学领域只有 1 个新兴前沿，而化学与材料科学领域选出了 8 个新兴前沿。

通过以上两种方法，本书突出显示了 10 个高度聚合的大学科领域中的 100 个热点前沿和 38 个新兴前沿。

1.2.2 研究前沿的分析及重点研究前沿的遴选和解读

本书在科睿唯安遴选的 138 个研究前沿数据的基础上，由中国科学院科技战略咨询研究院的战略情报研究人员对 10 个大学科领域的 100 个热点前沿的发展趋势进行了分析，并对 31 个重点研究前沿进行了详细的解读（见第 2 至第 11 章）。重点研究前沿包括重点热点前沿和重点新兴前沿两部分。

研究前沿是由一组高被引的核心论文和一组共同引用核心论文的施引文献组成的。核心论文来自 ESI 数据库中的高被引论文，即在同学科、同年度中被引频次排在前 1% 的论文。这些有影响力的核心论文的作者、机构、国家/地区在该领域也做出了不可磨灭的贡献，本书也对其进行了深入分析和解读。同时，引用这些核心论文的施引文献可以反映出核心论文所提出的技术、数据、理论在发表之后是如何被进一步发展的，即使这些引用核心论文的施引文献本身并不是高被引论文。

1.2.2.1 重点研究前沿的遴选

2014 年研究前沿设计了遴选重点研究前沿的指标 CPT，2015 年在 CPT 指标的基础上，又增加了规模指标，即核心论文数（P）。

1）核心论文数（P）

ESI 数据库用共被引文献簇（核心论文）来表征研究前沿，并根据文献簇的元数据及其统计揭示研究前沿的发展态势，其中 P 总量标志着研究前沿的大小，文献簇的平均出版年和论文的时间分布标志着研究前沿的进度。P 表达了研究前沿中知识基础的重要程度。在一定时间段内，一个前沿的 P 越大，表明该前沿越活跃。

2）CPT 指标

CPT 是核心论文的总被引频次（C）除以 P，再除以施引文献所发生的年数（T）。"施引文献所发生的年数"指施引文献集合中最新发表的施引文献与最早发表的施引文献的发表时间的差值。如最新发表的施引文献的发表时间为 2017 年，最早发表的施引文献的发表时间为 2012 年，则该施引文献所发生的年数为 5。

$$\mathrm{CPT} = (C/P)/T = \frac{C}{P \cdot T}$$

CPT 实际上是一个研究前沿的平均引文影响力和施引文献发生年数的比值，该指标越高代表该前沿越热或越具有影响力。它反映了某研究前沿的引文影响力的广泛性和及时性，可以用于探测研究前沿的突现、发展以及预测研究前沿下一个时期可能的发展。该指标既考虑了某研究前沿受到关注的程度，即核心论文的总被引频次，又反映了该研究前沿受关注的年代趋势，即施引文献所发生的年度。

在研究前沿被持续引用的前提下，当两个研究前沿的 P 值和 T 值分别相等时，则 C 值较大的研究前沿的 CPT 值也随之较大，指示该研究前沿引文影响力较大；当两个研究前沿的 C 值和 P 值分别相等时，则 T 值较小的研究前沿的 CPT 值相反会较大，指示该研究前沿在短期内受关注度较高；当两个研究前沿的 C 值和 T 值分别相等时，则 P 值较小的研究前沿的 CPT 值反而会较大，指示该研究前沿中核心论文的平均引文影响力较大。

《2018 研究前沿》在遴选重点研究前沿过程中，对每个大学科领域的 10 个热点前沿用 P 和 CPT 指标结合战略情报研究人员的专业判断各遴选出一个重点热点前沿。专业判断主要考虑该前沿是否对解决重大问题有重要意义。一般首先选择 P 最高的两个前沿，比较两个前沿哪个对解决重大问题更有意义，例如，"电子烟的用户偏好、有毒物质释放、管制以及对戒烟的影响"和"区域产业的环境效益和能源效率评价"，很明显后者更有意义，因此选择后者。然后，用 CPT 指标结合专业判断再各遴选出一个重点热点前沿。其中数学、计算机科学与工程学领域包括三个不同的 ESI 学科领域，为了均衡起见，三个领域分别遴选 1 个热点前沿进行重点解读。因此通过这两种方法共遴选出 21 个重点热点前沿。对于 38 个新兴前沿，利用 CPT 指标结合战略情报研究人员的判断遴选出 10 个重点新兴前沿。因此对于 138 个研究前沿，共遴选出 31 个重点前沿进行深入解读。

1.2.2.2 研究前沿的分析和解读

1）热点前沿分析及重点热点前沿的解读

对于每个学科领域，第一张表展示各自的前 10 个热点前沿的核心论文的数量、被引频次以及核心论文平均出版年，每个学科领域遴选出的重点热点前沿在表中用绿色底纹标出。然后，对每个学科领域遴选出的重点热点前沿进行深入分析和解读。因为分析数据基于 2012～2017 年的论文，所以核心论文平均出版年份会在 2012～2017 年。

每个领域的 10 个研究前沿中引用核心论文的论文（施引文献）的年度分布用气泡图的方式展示。基于 P 遴选的重点热点前沿用蓝色气泡表示，基于 CPT 指标遴选的重点热点前沿用红色气泡表示。气泡大小表示每年施引文献的数量，对于那些施引文献量大，而施引文献所发生的年数少的前沿，也就是 CPT 值的前两种情况，可以从图中直观地看出哪些是重点热点前沿。但是对于 P 较少的情况，则需要结合数据来看。大部分研究前沿的施引文献每年均有一定程度的增长，因此气泡图也有助于读者对研究前沿发展态势的理解。

每个学科领域的第二张表对核心论文的国家/地区、机构活跃状况进行了分析，揭示出哪些国家/地区、机构在某重点热点前沿中有较大贡献。第三张表则对施引文献中的国家/地区和机构进行了分析，探讨机构、国家/地区在这些研究前沿的发展中的研究布局。

2）新兴前沿分析及重点新兴前沿的解读

新兴前沿的体量（核心论文及其施引文献）较小，因此，统计数据的分析意义不大。通过科技情报研究人员对重点新兴前沿的核心论文及相关信息进行内容方面的解读，可以了解重点新兴前沿的发展脉络、研究力量布局及发展前景。

第 2 章　农业、植物学和动物学

2.1　热点前沿及重点热点前沿解读

2.1.1　农业、植物学和动物学领域 Top10 热点前沿发展态势

农业、植物学和动物学领域居于 Top10 的热点前沿主要分布在植物基因网络调控与基因组编辑、作物病虫害防治、食品营养与安全、光合作用研究、植物根际微生物群落研究、水产动物免疫研究、林木培育等方向上（表 2.1 和图 2.1）。

在植物基因网络调控与基因组编辑方向，"作物产量相关性状的遗传网络分析""植物中药用化合物生物合成的基因调控""CRISPR/Cas9 基因编辑技术在作物基因组编辑中的应用"成为热点前沿，其中基因编辑技术及其在农作物中的应用在 2017 年也是 Top10 热点前沿之一。

作物病虫害防治一直是农业领域关注的重要问题，以往的研究前沿每年都有相关研究进入 Top10 热点前沿，如 2014 年的"入侵害虫的天敌生物防治"、2015 年的"害虫 Bt 抗性与生物防治"、2016 年的"害虫天敌蝙蝠的白鼻综合征"和 2017 年的"斑翅果蝇的入侵生物学研究"。2018 年又有"斑翅果蝇的入侵生物学和防治策略"跻身 Top10，该前沿在 2017 年开展生物学研究的基础上拓展了防治策略的研究。

食品营养与安全也持续受到关注，继 2014 年的"美国食源性疾病的统计和经济损失评价"，2015 年的"高光谱成像和计算机视觉技术在食品加工与检测中的应用"，2016 年的"食品检测中的高光谱成像技术""生鲜食品微生物污染的爆发与防控"和"营养物质纳米乳递送系统"等成为 Top10 热点前沿后，2018 年"食品和动物饲料中霉菌毒素污染及其毒性研究"和"纳米乳液研发及其在食品工业中的应用"进入 Top10 热点前沿。

光合作用也一直是农业和植物学领域的研究重点，2014 年的"C_4 光合作用的进化及二氧化碳浓度对叶肉导度的影响"、

2016年的"光合作用曝光蛋白复合物的结构与功能"进入Top10热点前沿，2018年该方向上亦有一个进入Top10的热点前沿——"叶绿素荧光遥感在植物初级生产力模拟中的应用"。在植物根系微生物群落研究方面，2014年的"利用DNA测序研究根际微生物群落"、2017年的"丛枝菌根的共生关系及营养与信号机制研究"是Top10热点前沿，2018年"根际微生物群落及其与植物间的互作"又成为Top10热点前沿之一。

另两个Top10热点前沿"饲料添加剂对鱼类免疫力的增强作用"和"林木树种混交对林分质量和生产力的影响"所属的水产动物免疫研究、林木培育是新出现的热点前沿研究方向。

表2.1 农业、植物学和动物学领域Top10热点前沿

排名	热点前沿	核心论文/篇	被引频次	核心论文平均出版年
1	作物产量相关性状的遗传网络分析	18	1329	2014.8
2	斑翅果蝇的入侵生物学和防治策略	19	972	2014.8
3	叶绿素荧光遥感在植物初级生产力模拟中的应用	14	767	2014.8
4	CRISPR/Cas9基因编辑技术在作物基因组编辑中的应用	14	1285	2014.6
5	植物中药用化合物生物合成的基因调控	16	993	2014.6
6	饲料添加剂对鱼类免疫力的增强作用	14	814	2014.6
7	纳米乳液研发及其在食品工业中的应用	33	1561	2014.5
8	林木树种混交对林分质量和生产力的影响	15	1092	2014.5
9	根际微生物群落及其与植物间的互作	44	4983	2014.4
10	食品和动物饲料中霉菌毒素污染及其毒性研究	27	1803	2014.4

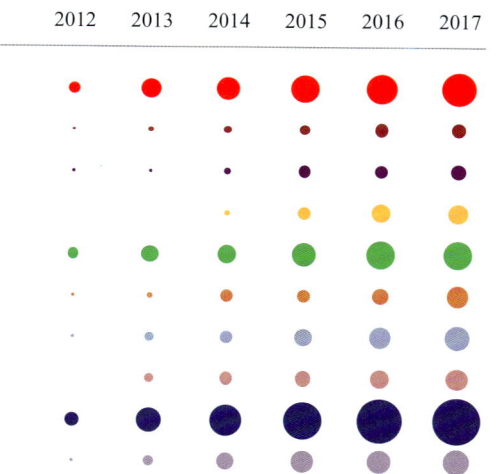

图2.1 农业、植物学和动物学领域Top10热点前沿的施引论文

2.1.2 重点热点前沿——作物产量相关性状的遗传网络分析

在粮食安全需求压力下,高产始终是农业生产不懈追求的目标。在近代育种历史上,矮化育种和杂交育种曾使作物单产水平产生过两次大的飞跃。当前,随着生命科学领域的不断突破,生物育种成为变革性的育种新技术,因此,要使单产水平取得进一步突破,需对产量相关性状的遗传网络进行解析,发现和利用其中的关键基因,挖掘作物产量的遗传潜力,从而提出新的育种途径和方法。近十几年来,作物基因组测序的完成、基于 PCR 技术的分子标记的应用、各类突变体库和数据库的建立、第二代测序技术的发展等促使产量性状形成的分子机制及其遗传调控网络正成为热点研究前沿。

该前沿共有 18 篇核心论文,其中大部分研究控制水稻籽粒大小、宽度、形状、重量或株型等产量相关性状的基因及其遗传网络。主要研究成果包括:2016 年在水稻中鉴别出了一个负责谷粒大小和重量的数量性状基因座 GS2,它编码了一个转录因子 OsGRF4,并发现该因子受到 OsmiR396 的调控;同年还发现了另一个控制水稻籽粒大小的数量性状基因座 GLW7,其编码的转录因子 OsPLS13 对籽粒大小进行正向调控;此外,还发现了籽粒的其他调控因子 GL2 和 GW5 及调控水稻株型的 IPI1 蛋白等。有少量核心论文涉及水稻基因组重测序,这些研究为水稻基因资源挖掘提供了重要基础。另有一篇 2012 年发表在《植物科学趋势》上的综述文章指出,植物生长与器官大小的遗传网络解析正在成为植物科学的高度优先领域。

从核心论文的产出国家和机构来看(表 2.2),18 篇核心论文来自 13 个国家,其中中国是核心论文的最主要来源国,共有 12 篇,占论文总数的 66.7%;美国和日本各有核心论文 4 篇和 3 篇,占比分别是 22.2% 和 16.7%;其他国家的核心论文数较少,大多数只有 1 篇。从机构来看,中国科学院、中国农业科学院和日本农业生物资源研究所的核心论文数最多,分别有 9 篇、8 篇和 3 篇。

表 2.2 "作物产量相关性状的遗传网络分析"研究前沿中 18 篇核心论文的 Top 产出国家和机构

排名	国家	核心论文 / 篇	比例 /%	排名	机构	国家	核心论文 / 篇	比例 /%
1	中国	12	66.7	1	中国科学院	中国	9	50.0
2	美国	4	22.2	2	中国农业科学院	中国	8	44.4
3	日本	3	16.7	3	日本农业生物资源研究所	日本	3	16.7
4	菲律宾	2	11.1	4	根特大学	比利时	2	11.1
4	比利时	2	11.1	4	国际水稻研究所	菲律宾	2	11.1

从施引论文的来源国家和机构来看(表 2.3),中国也是施引论文的最大来源国,有 450 篇,占施引论文总数的 43.6%;美国排第 2 位,有 205 篇,占

19.9%，日本排第 3 位，有 130 篇，占 12.6%；印度、德国、比利时和法国施引论文数量相近，为 61～68 篇，占比在 6% 左右。施引论文机构中，中国农业科学院和中国科学院的施引论文最多，分别有 125 篇和 111 篇，比利时的根特大学有 51 篇，排第 3 位，其余机构施引论文在 50 篇以下。

表 2.3 "作物产量相关性状的遗传网络分析"研究前沿中施引论文的 Top 产出国家和机构

排名	国家	施引论文/篇	比例/%	排名	机构	国家	施引论文/篇	比例/%
1	中国	450	43.6	1	中国农业科学院	中国	125	12.1
2	美国	205	19.9	2	中国科学院	中国	111	10.8
3	日本	130	12.6	3	根特大学	比利时	51	4.9
4	印度	68	6.6	4	南京农业大学	中国	44	4.3
5	德国	64	6.2	5	日本农业生物资源研究所	日本	39	3.8
6	比利时	62	6.0	6	华中农业大学	中国	35	3.4
7	法国	61	5.9	7	美国农业部	美国	29	2.8
8	菲律宾	56	5.4	8	康奈尔大学	美国	26	2.5
9	韩国	50	4.8	9	法国农业科学研究院	法国	25	2.4
10	英国	42	4.1	10	中国农业大学	中国	24	2.3

2.1.3 重点热点前沿——根际微生物群落及其与植物间的互作

根际是指位于植物根系周围、受根系影响的狭窄（几毫米宽）土体，其中包含难以计数的微生物和无脊椎动物，是地球上最活跃的界面之一。在农业生态系统中，存在于根际的微生物群对作物生长、营养和健康有着深刻的影响。自 1904 年，由德国微生物学家 Lorenz Hiltner 首次提出根际以来，根际研究受到了研究者的广泛关注，100 多年来根际研究方兴未艾。根际微生物生态过程受植物生理过程影响的同时，其对植物生长也产生了不同程度的影响。根际微生物既可以通过养分竞争、拮抗作用和诱导系统抗性等机制抑制土壤病原菌促进植物生长，也可以通过病原菌的积累导致植株大量死亡，这使得根际微生物与植物间的相互作用成为研究热点之一。

该热点前沿有 44 篇核心论文，主要研究植物根际微生物群落的界定、结构、变异、组装机制、多样性、遗传力及功能等，植物种类涉及拟南芥、水稻、大豆、玉米、大麦、葡萄、毛白杨、龙舌兰等。其中有 2 篇论文利用宏基因组分析方法揭示了水稻根际内生菌群落的功能特性，1 篇论文阐述了根际微生物群落与植物健康之间的关系。另有论文分析了玉米根际微生物群的多样性和遗传力、大豆根际分类与功能微生物群落选择、根际微生物驱动磷胁迫与免疫的直接整合等。

从核心论文的产出国家和机构来看（表 2.4），美国是核心论文的最主要来源国，共有 16 篇，占论文总数的 36.4%；德国排第 2 位，有 14 篇，占 31.8%；荷兰和瑞士各有 6 篇和 5 篇核心论文，占比分别是 13.6% 和 11.4%。从机构来看，德国的马普学会和美国能源部的核心论文数最多，分别有 8 篇、7 篇。

表 2.4 "根际微生物群落及其与植物间的互作"研究前沿中 44 篇核心论文的 Top 产出国家和机构

排名	国家	核心论文/篇	比例/%	排名	机构	国家	核心论文/篇	比例/%
1	美国	16	36.4	1	马普学会	德国	8	18.2
2	德国	14	31.8	2	美国能源部	美国	7	15.9
3	荷兰	6	13.6	3	北卡罗来纳大学	美国	6	13.6
4	瑞士	5	11.4	3	霍华德·休斯医学研究所	美国	6	13.6
5	法国	4	9.1	5	亥姆霍兹联合会	德国	5	11.4
5	意大利	4	9.1	6	海因里希·海涅大学杜塞尔多夫分校	德国	4	9.1
5	巴西	4	9.1	6	不来梅大学	德国	4	9.1
5	英国	4	9.1	6	康奈尔大学	美国	4	9.1
9	澳大利亚	3	6.8	6	加利福尼亚大学戴维斯分校	美国	4	9.1
9	西班牙	3	6.8					

从施引论文的来源国家和机构来看（表 2.5），美国仍是施引论文的最大来源国，有 606 篇，占施引论文总数的 24.9%；中国核心论文数量未进入 Top10，但施引论文数量排第 2 位，有 364 篇，占 15.0%；德国排第 3 位，有 291 篇，占

表 2.5 "根际微生物群落及其与植物间的互作"研究前沿中施引论文的 Top 产出国家和机构

排名	国家	施引论文/篇	比例/%	排名	机构	国家	施引论文/篇	比例/%
1	美国	606	24.9	1	法国农业科学研究院	法国	105	4.3
2	中国	364	15.0	2	中国科学院	中国	93	3.8
3	德国	291	12.0	2	法国国家科学研究中心	法国	93	3.8
4	法国	201	8.3	4	西班牙科学研究委员会	西班牙	91	3.7
5	意大利	199	8.2	5	美国能源部	美国	81	3.3
6	西班牙	190	7.8	6	马普学会	德国	71	2.9
7	英国	161	6.6	7	美国农业部	美国	57	2.3
8	荷兰	159	6.5	8	加利福尼亚大学戴维斯分校	美国	56	2.3
9	澳大利亚	118	4.9	8	乌得勒支大学	荷兰	56	2.3
10	巴西	108	4.4	10	亥姆霍兹联合会	德国	50	2.1

12.0%。施引论文机构中，法国农业科学研究院的施引论文数量最多，有 105 篇；中国科学院、法国国家科学研究中心和西班牙科学研究委员会排第 2～4 位，均超过 90 篇。

2.2 新兴前沿及重点新兴前沿解读

2.2.1 新兴前沿概述

农业、植物学和动物学领域有 1 个方向入选新兴前沿，即"新型 CRISPR 基因编辑技术在植物基因组编辑中的应用"（表 2.6）。

表 2.6 农业、植物学和动物学领域的 1 个新兴前沿

序号	新兴前沿	核心论文/篇	被引频次	核心论文平均出版年
1	新型 CRISPR 基因编辑技术在植物基因组编辑中的应用	15	271	2016.7

2.2.2 重点新兴前沿——新型 CRISPR 基因编辑技术在植物基因组编辑中的应用

CRISPR 基因编辑技术是继 ZFN 和 TALEN 基因编辑技术之后的第三代基因编辑技术。由于其与前两代技术相比，设计构建容易、甲基化敏感程度低、靶向精准、切割效率高，在基础研究、基因治疗和作物遗传改良等方面展现出巨大的潜力，因此在生物技术领域掀起了研究热潮。2013 年，CRISPR/Cas9 系统被发现可高效编辑基因组，并被美国麻省理工学院的研究人员成功用于人类和小鼠细胞的基因编辑，同年 CRISPR/Cas9 技术被 *Science* 列入年度十大科学进展。2016 年，中国科学院研究人员首次利用 CRISPR/Cas9 系统在水稻、小麦等植物上实现基因组编辑，且成果入选 2016 年《麻省理工科技评论》十大技术突破。

CRISPR 基因编辑技术自 2014 年入选《2014 研究前沿》的新兴前沿，已连续 5 年入选热点前沿或新兴前沿。其中该技术在农业的应用于 2017 年和 2018 年均入选本领域热点前沿，而该新兴前沿所包含的 15 篇核心论文主要是在研究 CRISPR 的一种新型编辑系统 CRISPR/Cpf1 在植物基因组编辑中的应用，研究内容主要集中在对水稻、棉花、玉米、小麦、番茄等作物进行定向诱变，产生目标突变体。该系统是 2015 年由美国麻省理工学院的张锋实验室首先发现的。与 Cas9 相比，Cpf1 具有多种优势，包括：引导 RNA 更短，但引导序列更长；特异性高，脱靶效应低；更容易实现多位点编辑；可极大地扩充基因组编辑的范围；敲除效率高等。因此 CRISPR/Cpf1 系统成为目前最具潜力的基因编辑工具，被认为是新一代基因组编辑工具中的佼佼者，并被迅速用于水稻和拟南芥等模式生物的基因组编辑和靶向基因转录调控中。

第 3 章　生态与环境科学

3.1 热点前沿及重点热点前沿解读

3.1.1 生态与环境科学 Top10 热点前沿发展态势

生态与环境科学的 Top10 热点前沿主要分布在生态科学和环境科学两个子领域（表 3.1 和图 3.1）。生态科学子领域的研究前沿主要是关于生物多样性研究及其监测的"环境 DNA 宏条形码技术监测生物多样性"和"用于物种多样性研究的系统发育方法"，关于生态系统相互作用和功能的"外来物种入侵的影响与管控"和"森林外生菌根真菌在森林土壤碳循环中的作用"，以及关于生态环境监测的"土壤水分和陆地蒸散的遥感监测"等前沿。其中，"环境 DNA 宏条形码技术监测生物多样性"是连续两年入选热点研究前沿。

环境科学子领域的研究前沿主要是关于污染物的消除与控制技术，包括"氧化石墨烯清除水体放射性核素""利用过渡金属与纳米技术催化活化过硫酸盐降解水中污染物"和"电子废弃物中的金属回收技术"，用于海水脱盐的"电容去离子技术脱除水中盐分"，以及新型污染物"抗生素抗性基因的来源与环境归趋"等前沿。从发展态势来看，水体环境问题是重要的关注点，氧化石墨烯、过渡金属纳米催化剂等纳米技术成为污染物消除的主要技术手段，抗生素抗性基因、电子废弃物等新兴环境问题成为重要的热点前沿问题。

表 3.1　生态与环境科学领域 Top10 热点前沿

排名	热点前沿	核心论文/篇	被引频次	核心论文平均出版年
1	外来物种入侵的影响与管控	24	2062	2015.2
2	氧化石墨烯清除水体放射性核素	46	3360	2015.1

续表

排名	热点前沿	核心论文/篇	被引频次	核心论文平均出版年
3	利用过渡金属与纳米技术催化活化过硫酸盐降解水中污染物	50	3344	2014.9
4	电子废弃物中的金属回收技术	29	1395	2014.8
5	森林外生菌根真菌在森林土壤碳循环中的作用	11	1047	2014.6
6	环境DNA宏条形码技术监测生物多样性	45	3770	2014.4
7	土壤水分和陆地蒸散的遥感监测	24	2027	2014.4
8	用于物种多样性研究的系统发育方法	20	1931	2014.4
9	抗生素抗性基因的来源与环境归趋	17	1929	2014.4
10	电容去离子技术脱除水中盐分	18	1914	2014.4

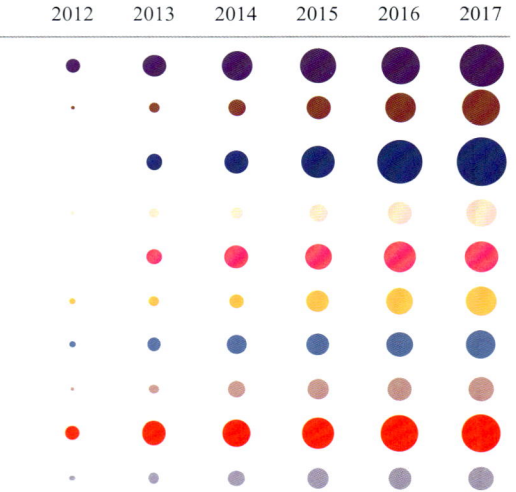

图 3.1　生态与环境科学领域 Top10 热点前沿的施引论文

3.1.2 重点热点前沿——利用过渡金属与纳米技术催化活化过硫酸盐降解水中污染物

过硫酸盐高级氧化技术是一种具有良好发展前景的新型水体污染物处理技术。过硫酸盐溶于水会生成过硫酸根离子（$S_2O_8^{2-}$），在光、超声、微波、过渡金属、碱等作用下能活化生成强氧化性的硫酸根自由基，使难降解的目标污染物部分或完全矿化。相对于传统的高级氧化法而言，过硫酸盐具有更稳定、产生的自由基半衰期更长、选择性更好的优点。在处理废水中难降解的有机污染物时见效快、周期短、无二次污染，主要应用于水体修复和废水处理。

目前，过硫酸根离子活化剂的研究热

点主要是零价铁、过渡金属离子等金属基催化剂和氧化石墨烯等非金属基催化剂。利用这类活化剂无须外加热源和光源，反应条件温和、能耗较低、操作简单、经济且高效。同时，利用纳米技术的纳米催化剂因具有表面积大、表面催化活性强等优点也被广泛用于提高污染物的反应和降解速度。纳米技术与新型过硫酸根离子活化技术相结合，能有效提高水体污染物处理效率、降低能耗、易于回收、操作简便，优于传统水体污染物处理技术。

该热点前沿的核心论文有 50 篇，主要围绕利用零价铁，或利用过渡金属离子包括 Fe^{2+}、Cu^{2+}、Mn^{2+} 等，或一些双金属氧化物如 $CuCo_2O_4$、$Fe_xCo_{3-x}O_4$、$CuFeO_2$、$MnFe_2O_4$ 等，以及化学还原的氧化石墨烯、掺杂氧化石墨烯等作为过硫酸盐体系的活化剂，利用纳米技术制备纳米级催化剂或将特定催化剂负载到碳纳米管、纳米笼上，对水体污染物进行处理的机理、效果和影响参数分析等。澳大利亚科廷大学王少彬教授研究组围绕石墨烯等纳米材料贡献了 10 篇核心论文，并且其中《利用氧化还原石墨烯催化氧化降解水体污染物》是被引频次最高的非综述论文。

从核心论文的产出国家/地区和机构来看（表 3.2），50 篇核心论文大部分来自中国大陆，有 37 篇，占论文总数的 74%。澳大利亚和美国的论文数分别为 12 篇和 4 篇，列第 2、第 3 位。其他国家/地区的论文数都很少。核心论文的主要产出机构分别来自澳大利亚和中国大陆。其中澳大利亚科廷大学的核心论文数最多，有 10 篇。其他机构均为中国机构，其中，哈尔滨工业大学（8 篇）、同济大学（6 篇）的论文数分别排第 2、第 3 位。

表 3.2 "利用过渡金属与纳米技术催化活化过硫酸盐降解水中污染物"研究前沿中 50 篇核心论文的 Top 产出国家/地区和机构

排名	国家/地区	核心论文/篇	比例/%	排名	机构	国家	核心论文/篇	比例/%
1	中国大陆	37	74	1	科廷大学	澳大利亚	10	20
2	澳大利亚	12	24	2	哈尔滨工业大学	中国	8	16
3	美国	4	8	3	同济大学	中国	6	12
4	沙特阿拉伯	2	4	4	武汉大学	中国	3	6
4	中国台湾	2	4	4	中国科学院	中国	3	6
				4	东华大学	中国	3	6
				4	合肥工业大学	中国	3	6

从施引论文的来源国家/地区和机构来看（表 3.3），中国是施引论文的最主要来源国家/地区，中国大陆学者参与了 1065 篇论文，占施引论文总数的 65.3%；美国参与的施引论文有 171 篇，占 10.5%，排第 2 位；澳大利亚有 110 篇论文，占 6.7%。其他国家/地区的施引论文数量和比例均很少。施引论文来源机构中，3 家中国机构的施引论文数排在前 3 位，分别是中国科学院（130 篇）、同

济大学（89篇）和哈尔滨工业大学（75篇），论文数分别占8.0%、5.5%和4.6%。

发表核心论文数最多的澳大利亚科廷大学，其施引论文数有70篇，排第4位。

表 3.3 "利用过渡金属与纳米技术催化活化过硫酸盐降解水中污染物"研究前沿中施引论文的产出国家/地区和机构

排名	国家/地区	施引论文/篇	比例/%	排名	机构	国家	施引论文/篇	比例/%
1	中国大陆	1065	65.3	1	中国科学院	中国	130	8.0
2	美国	171	10.5	2	同济大学	中国	89	5.5
3	澳大利亚	110	6.7	3	哈尔滨工业大学	中国	75	4.6
4	印度	85	5.2	4	科廷大学	澳大利亚	70	4.3
5	伊朗	68	4.2	5	武汉大学	中国	40	2.5
6	韩国	50	3.1	6	湖南大学	中国	38	2.3
7	法国	43	2.6	7	法国国家科学研究中心	法国	34	2.1
8	中国台湾	42	2.6	8	四川大学	中国	32	2.0
9	西班牙	41	2.5	9	南京大学	中国	31	1.9
10	德国	36	2.2	9	清华大学	中国	31	1.9

3.1.3 重点热点前沿——抗生素抗性基因的来源与环境归趋

近年来，随着医疗保健药品和个人护理用品的频繁使用以及养殖业中抗生素的长期滥用，大量具有耐药性的细菌出现。相关的抗生素抗性基因（Antibiotic Resistance Genes，ARGs）在环境中快速出现和扩散，极大地影响了抗生素的治疗效果，严重威胁人类健康。据统计，全球每年大约有70万人死于耐药性细菌感染。与传统的化学污染物不同，抗生素抗性基因由于其固有的生物学特性，如可在不同细菌间转移和传播甚至自我扩增，可表现出独特的环境行为，在环境中持久残留、传播和扩散，给环境和人类健康带来巨大的危害。2004年，Michal Rysz 和 Pedro J. Alvarez 建议将抗生素抗性基因本身作为环境污染物。2006年，Amy Pruden 等明确提出将抗生素抗性基因作为一种新型环境污染物。此后抗生素抗性基因导致的生态环境问题引起各国学者的高度关注。

热点前沿"抗生素抗性基因的来源与环境归趋"的核心论文主要围绕特定地区或特定污染物，如养殖场、畜禽粪便、污水处理厂污泥等的抗生素抗性基因的丰度、分布和环境传播，以及抗生素抗性与微生物群落的相互作用开展了研究。其中中国科学院朱永官研究员2013年在 PNAS 上发表的《中国养猪场中抗生素抗性基因的多样性与丰度》被引频次最高，达440次，主要分析了养猪场抗生素抗性基因的丰度，提出抗生素及金属滥用是抗性基因的主要来源。

从核心论文的产出国家和机构来看（表3.4），17篇核心论文基本来自中国和美国。中美两国各有9篇核心论文产出，分别占论文总数的52.9%。其他国家的论文数很少。核心论文的主要产出机构也来自中美两国，分别是中国科学院（4篇）、香港大学（4篇）、密歇根州立大学（3篇）和华盛顿大学（圣路易斯）（3篇）。

表3.4 "抗生素抗性基因的来源与环境归趋"研究前沿中17篇核心论文的Top产出国家和机构

排名	国家	核心论文/篇	比例/%	排名	机构	国家	核心论文/篇	比例/%
1	中国	9	52.9	1	中国科学院	中国	4	23.5
1	美国	9	52.9	1	香港大学	中国	4	23.5
3	加拿大	1	5.9	3	密歇根州立大学	美国	3	17.6
3	克罗地亚	1	5.9	3	华盛顿大学（圣路易斯）	美国	3	17.6
3	丹麦	1	5.9					
3	德国	1	5.9					
3	西班牙	1	5.9					
3	瑞士	1	5.9					

从施引论文的来源国家和机构来看（表3.5），中国是施引论文的最大来源国，有446篇论文，占施引论文总数的37.0%；美国学者参与了施引论文346篇，占28.7%，排第2位；其他国家的施引论文数量和比例均较小。施引论文来源机构中，中国科学院论文数远高于其他机构，有145篇论文，占12.0%；美国农业部和浙江大学的论文数分别为40篇和36篇，排第2、第3位。核心论文表现突出的香港大学、密歇根州立大学和华盛顿大学（圣路易斯）的施引论文数量也较多，分别排第4、第5和第9位。

表3.5 "抗生素抗性基因的来源与环境归趋"研究前沿中施引论文的Top产出国家和机构

排名	国家	核心论文/篇	比例/%	排名	机构	国家	核心论文/篇	比例/%
1	中国	446	37.0	1	中国科学院	中国	145	12.0
2	美国	346	28.7	2	美国农业部	美国	40	3.3
3	英国	89	7.4	3	浙江大学	中国	36	3.0
4	加拿大	71	5.9	4	香港大学	中国	34	2.8
5	德国	68	5.6	5	西班牙科学研究委员会	西班牙	31	2.6
6	澳大利亚	61	5.1	5	密歇根州立大学	美国	31	2.6
7	法国	57	4.7	7	南京农业大学	中国	30	2.5
8	西班牙	53	4.4	8	法国国家科学研究中心	法国	25	2.1
9	丹麦	40	3.3	9	华盛顿大学（圣路易斯）	美国	24	2.0
10	瑞典	35	2.9	10	哥德堡大学	瑞典	22	1.8

3.2 新兴前沿及重点新兴前沿解读

3.2.1 新兴前沿概述

生态与环境科学领域有 1 个方向入选新兴前沿,即"微生物燃料电池技术用于废水处理"(表 3.6)。

表 3.6 生态与环境科学领域的 1 个新兴前沿

序号	新兴前沿	核心论文/篇	被引频次	核心论文平均出版年
1	微生物燃料电池技术用于废水处理	7	152	2016.6

3.2.2 重点新兴前沿——微生物燃料电池技术用于废水处理

英国植物学家 Michael C. Potter 于 1910 年首次发现细菌的培养液能够产生电流,并成功制造出了世界第一个微生物燃料电池(microbial fuel cell, MFC)。近几十年来,环境污染和能源问题日益凸显。由于 MFC 可将贮存于有机废弃物的化学能直接转化为电能,逐渐引起了环境领域研究人员的关注。1991 年开始出现使用 MFC 处理生活污水的范例,然而,直到最近几年用 MFC 处理生活污水得到的电池功率才有所增强。

MFC 是以微生物为主体,在阳极将有机污染物氧化,并将电子捕获,通过电极将其传递至阴极,进而产生电流,最终实现化学能直接转化为电能的装置。MFC 技术可实现在处理废水的同时回收废水中的能量,同时高于传统厌氧生物处理技术的降解效率,是集废水资源化、污泥减量化、水质无害化为一体的新型废水处理技术,具有广阔的应用前景。近年来,基于 MFC 的新技术不断得到开发,结构、材料、接种物等不断优化,输出电能的功率密度大幅增长,MFC 应用于越来越多的各类型废水、有机物或污染物的处理和降解,已成为废弃物资源化利用的前沿方向之一。

该新兴研究前沿的主要内容包括以铁基催化剂为主的用于增强 MFC 氧化还原反应的催化剂制备和性能、在处理尿液的同时提供电力的 MFC 应用技术等。

第4章 地球科学

4.1 热点前沿及重点热点前沿解读

4.1.1 地球科学 Top10 热点前沿发展态势

地球科学领域位居 Top10 的热点前沿仍然集中在气候变化、地球化学、固体地球物理学和地质学研究。气候变化研究热点包括基于 CMIP5 模式的气候敏感性估计、元古代时期大气和海洋氧化研究、利用热带降雨测量任务和全球降水测量任务开展全球多地区降水分析；地球化学研究热点包括中国各地区煤中稀土元素地球化学特征、全球内陆水域的 CO_2 排放研究；固体地球物理学和地质学研究热点包括基于深度学习的高分辨率遥感影像的场景分类、2015 年尼泊尔喜马拉雅逆冲断层的廓尔喀地震研究、利用好奇号开展盖尔陨石坑的岩石矿物学研究、地下流体注入诱发美国多地地震机理研究、基于 GIS 的滑坡敏感性评价研究（表 4.1 和图 4.1）。

表 4.1 地球科学领域 Top10 热点前沿

排名	热点前沿	核心论文/篇	被引频次	核心论文平均出版年
1	基于深度学习的高分辨率遥感影像的场景分类	38	1535	2015.6
2	基于 CMIP5 模式的气候敏感性估计	16	1148	2014.9
3	2015 年尼泊尔喜马拉雅逆冲断层的廓尔喀地震研究	14	1016	2014.9
4	中国各地区煤中稀土元素地球化学特征	15	934	2014.9
5	利用好奇号开展盖尔陨石坑的岩石矿物学研究	26	2253	2014.6
6	元古代时期大气和海洋氧化研究	24	1966	2014.6
7	地下流体注入诱发美国多地地震机理研究	20	1677	2014.6

续表

排名	热点前沿	核心论文/篇	被引频次	核心论文平均出版年
8	利用热带降雨测量任务和全球降水测量任务开展全球多地区降水分析	13	892	2014.6
9	全球内陆水域的 CO_2 排放研究	9	1112	2014.4
10	基于 GIS 的滑坡敏感性评价研究	32	1955	2014.3

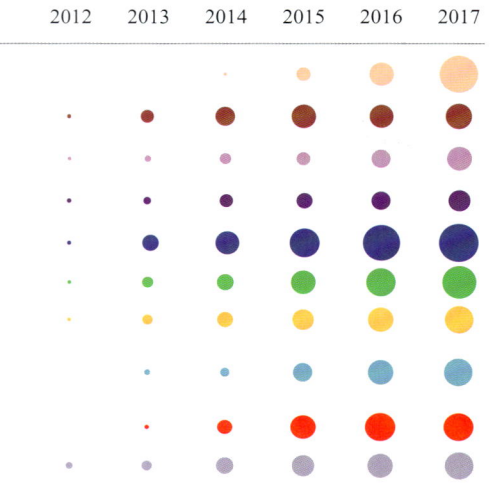

图 4.1　地球科学领域 Top10 热点前沿的施引论文

4.1.2 重点热点前沿——利用好奇号开展盖尔陨石坑的岩石矿物学研究

好奇号核动力火星车是美国国家航空航天局"火星科学实验室"任务的一部分，于 2011 年 11 月发射，2012 年 8 月降落在火星盖尔陨石坑，其主要任务是探索火星过去或现在是否存在适宜生命存在的环境。好奇号是当前最先进、最昂贵的火星探测器，搭载的探测仪器包括 3 台照相机、4 台光谱仪、2 台辐射探测仪和 1 台环境探测器。好奇号登陆火星引起轰动，荣登 2012 年度 *Science* 十大科学突破，其首席科学家也荣膺 2012 年度十大年度人物，登陆后的科学研究成果也多次入选美国国家航空航天局年度亮点成就，一直吸引着空间领域和全世界的密切关注。

好奇号借助火星车机械臂末端携带的钻头钻探火星岩石，获得了一块岩石内部样品，这是有史以来机器人第一次在火星上钻入岩石采样。利用携带的科学设备对岩石样品进行原位分析，研究火星的地质特征，结果显示样品中含有硫、氮、氢、氧、磷和碳，其中一些元素是构成生命的关键化学成分，这说明火星可能曾经适于远古生命的生存。好奇号还发现岩石样品中存在含水矿物质，证实了火星在33亿～38亿年前曾长期存在河流和湖泊系统。从火星沉积物加热释放物质中检测到了以一氧化氮形式存在的氮元素，有可能是硝酸盐的分解产物，这一发现为进一步证实古代火星的宜居性提供了证据。

热点前沿"利用好奇号开展盖尔陨石坑的岩石矿物学研究"的核心论文主要集中在研究火星盖尔陨石坑的水环境、火星细微颗粒物的挥发性和有机分析、火星沉积岩的地球化学特征、火星岩石的矿物学分析等方面。加州理工学院研究团队发表的《火星盖尔陨石坑的宜居河湖环境》一文被引频次最高，达235次。该文研究了好奇号发现的细粒沉积岩，推断这些沉积岩保存着火星古老湖泊的证据。

在参与该热点前沿核心论文相关研究的Top10国家中，美国占有绝对优势地位，参与了全部26篇核心论文的工作（表4.2）。其中，美国与排名第2的法国合作18篇，与排名第3的英国合作13篇。核心论文Top10机构中有7所美国机构。加州理工学院和美国国家航空航天局在本前沿所有机构中并列第1，合作贡献了21篇核心论文；其次是美国能源部；法国国家科学研究中心、行星科学研究所和加利福尼亚大学戴维斯分校并列第4。

表4.2 "利用好奇号开展盖尔陨石坑的岩石矿物学研究"研究前沿中26篇核心论文的Top产出国家和机构

排名	国家	核心论文/篇	比例/%	排名	机构	国家	核心论文/篇	比例/%
1	美国	26	100.0	1	加州理工学院	美国	21	80.8
2	法国	18	69.2	1	美国国家航空航天局	美国	21	80.8
3	英国	13	50.0	3	美国能源部	美国	13	50.0
4	加拿大	11	42.3	4	法国国家科学研究中心	法国	12	46.2
5	西班牙	6	23.1	4	行星科学研究所	美国	12	46.2
6	墨西哥	5	19.2	4	加利福尼亚大学戴维斯分校	美国	12	46.2
7	德国	4	15.4	7	圭尔夫大学	加拿大	11	42.3
7	丹麦	4	15.4	8	图卢兹大学	法国	9	34.6
7	澳大利亚	4	15.4	8	纽约州立大学石溪分校	美国	9	34.6
10	瑞典	3	11.5	8	亚利桑那州立大学	美国	9	34.6

从表4.3可以看出，美国的施引论文最多，达752篇，占施引论文总数的71.0%。法国的施引论文位列第2，占21.2%。施引论文数量Top10机构中，有6所来自美国，其中美国国家航空航天局表现突出，位列第1。加州理工学院和法国国家科学研究中心分别位列第2和第3。

表 4.3 "利用好奇号开展盖尔陨石坑的岩石矿物学研究"研究前沿中施引论文的 Top 产出国家和机构

排名	国家	施引论文/篇	比例/%	排名	机构	国家	施引论文/篇	比例/%
1	美国	752	71.0	1	美国国家航空航天局	美国	347	32.8
2	法国	225	21.2	2	加州理工学院	美国	230	21.7
3	英国	191	18.0	3	法国国家科学研究中心	法国	161	15.2
4	德国	146	13.8	4	行星科学研究所	美国	91	8.6
5	加拿大	137	12.9	5	美国能源部	美国	87	8.2
6	西班牙	76	7.2	6	约翰·霍普金斯大学	美国	70	6.6
7	意大利	60	5.7	6	图卢兹大学	法国	70	6.6
8	澳大利亚	47	4.4	8	南特昂热勒芒大学	法国	69	6.5
8	中国	47	4.4	9	亥姆霍兹联合会	德国	67	6.3
10	瑞典	42	4.0	10	新墨西哥大学	美国	66	6.2

4.1.3 重点热点前沿——全球内陆水域的 CO_2 排放研究

近年来，碳循环问题日益成为全球变化与地球科学研究领域的前沿与热点，其中陆地生态系统碳循环又是全球碳循环中最复杂、受人类活动影响最大的部分。虽然内陆水域面积不足地表面积的 2%，但是由于大部分陆地有机碳通过河流和湖泊输入河口或大海，因此内陆水域在整个碳循环系统中扮演了很重要的角色，具有重要的科学研究价值。例如，河流作为连接海-陆两大碳库的主要通道，其水-气界面二氧化碳（CO_2）和甲烷（CH_4）排放构成全球碳循环的重要环节，对全球气候变暖的贡献不容小觑。湖泊沉积作为大气圈、陆地生态体系和水生态体系的结合点，存储着丰富的区域的和全球性的环境变化信息，而且还具有沉积连续、沉积速率快等特点，已成为全球环境变化研究中的热点。

该研究前沿的 9 篇核心论文主要集中在揭示内陆水域（溪流、河流等）以及沿海海洋的二氧化碳和甲烷排放及变化情况。其中，2013 年耶鲁大学等研究机构发表在 Nature 上的论文《全球内陆水域的二氧化碳排放》给出了二氧化碳从内陆水域向大气中迁移的情况，指出每年从溪流、河流以及湖泊向大气排放的二氧化碳质量达 21 亿吨，超出了以往的预期，同时大约 70% 的排放量发生在仅 20% 的热点地区。以该论文为代表的核心研究工作不断充实着人类对内陆水域碳排放及其对环境影响的认识。

根据核心论文的产出国家和产出机构的分析（表 4.4）可以看出，美国参与了该领域 2/3 的核心论文（6 篇）研究工作。在美国之后，比利时、法国分别参与了 5 篇核心论文的研究工作。法国国家科学研究中心发表了 5 篇核心论文，在本领域所有研究机构中位列第 1。

表 4.4 "全球内陆水域的 CO_2 排放研究"研究前沿中 9 篇核心论文的 Top 产出国家和机构

排名	国家	核心论文/篇	比例/%	排名	机构	国家	核心论文/篇	比例/%
1	美国	6	66.7	1	法国国家科学研究中心	法国	5	55.6
2	比利时	5	55.6	2	布鲁塞尔自由大学	比利时	3	33.3
2	法国	5	55.6	2	列日大学	比利时	3	33.3
4	加拿大	3	33.3	2	图卢兹第三大学	法国	3	33.3
5	德国	2	22.2	2	华盛顿大学西雅图分校	美国	3	33.3
5	巴西	2	22.2	2	美国地质调查局	美国	3	33.3
5	荷兰	2	22.2	2	耶鲁大学	美国	3	33.3
5	瑞典	2	22.2					

从施引论文角度来看,美国的施引论文远高于其他国家,占施引论文总数的 44.1%。中国虽然没有产出核心论文,但积极参加该领域热点前沿的跟进研究,对核心论文的施引论文数量位居第 2,达 129 篇(16.4%)。法国国家科学研究中心同样是施引论文产出最高的机构,中国科学院以 52 篇论文位列 Top 产出机构的第 3 位(表 4.5)。

综上,美国是该热点研究前沿的主要研究国家,比利时、法国、加拿大等国是该领域的积极参与者。中国虽然未贡献核心论文,但施引论文数量迅速攀升,一定程度上反映出中国对相关领域研究的重视和关注。

表 4.5 "全球内陆水域的 CO_2 排放研究"研究前沿中施引论文的 Top 产出国家和机构

排名	国家	施引论文/篇	比例/%	排名	机构	国家	施引论文/篇	比例/%
1	美国	346	44.1	1	法国国家科学研究中心	法国	78	9.9
2	中国	129	16.4	2	瑞士联邦理工学院	瑞士	54	6.9
3	德国	116	14.8	3	中国科学院	中国	52	6.6
4	英国	100	12.7	4	乌普萨拉大学	瑞典	45	5.7
5	法国	98	12.5	5	美国地质调查局	美国	44	5.6
6	瑞典	92	11.7	6	华盛顿大学西雅图分校	美国	37	4.7
7	加拿大	74	9.4	7	巴黎萨克雷大学	法国	34	4.3
8	瑞士	71	9.0	8	亥姆霍兹联合会	德国	32	4.1
9	巴西	69	8.8	8	索邦大学	法国	32	4.1
10	比利时	62	7.9	10	法国研究与发展研究所	法国	30	3.8
				10	特拉华大学	美国	30	3.8

4.2 新兴前沿及重点新兴前沿解读

4.2.1 新兴前沿发展态势

地球科学领域有 1 项研究入选新兴前沿,即"基于 N-ICE2015 等观测数据的冬季北极变暖和海冰减少研究"(表 4.6)。

表 4.6 地球科学领域的 1 个新兴前沿

序号	新兴前沿	核心论文/篇	被引频次	核心论文平均出版年
1	基于 N-ICE2015 等观测数据的冬季北极变暖和海冰减少研究	14	191	2016.9

4.2.2 重点新兴前沿——基于 N-ICE2015 等观测数据的冬季北极变暖和海冰减少研究

北极的冬天漫长无光,气温通常会降到零下数十摄氏度,海冰也会不断扩展、加厚。然而近几年,北极气候多次处于异常状态,在北极还未全面进入冬季的时候,海冰就已经开始融化。北极增温给北半球气候带来了显著的影响,极端天气事件频繁发生。例如美国近年来的冬天频繁出现极端恶劣天气,东部地区经历了破纪录的超级寒流;欧洲多地也异常寒冷,风雪不断。地球系统领域的科学家们对北极变暖这一现象十分担忧,研究北极温度异常上升现象的原因和影响渐渐成为新兴的研究主题。

该前沿共有 14 篇核心论文,其中 6 篇核心论文的通讯作者来自挪威。中国科学院亦有 2 篇核心论文入围。瑞典斯德哥尔摩大学研究团队于 2016 年发表的论文 *The Role of Moist Intrusions in Winter Arctic Warming and Sea Ice Decline* 是该新兴前沿中被引频次最高的,达到 44 次。研究人员分析了秋季和冬季潮湿空气侵入北极巴伦支海边缘的海冰区域的轨迹,以及潮湿空气对北极温度和海冰浓度的影响。该新兴前沿还提供了有关乌拉尔阻塞对冬季北极变暖-欧亚大陆气候异常的影响,以及 N-ICE2015 期间北极海冰的变化。

第5章 临床医学

5.1 热点前沿及重点热点前沿解读

5.1.1 临床医学 Top10 热点前沿发展态势

临床医学领域位居 Top10 的热点前沿主要集中于肿瘤靶向治疗、慢性病治疗新手段和标准、放射性核素标记成像诊疗应用及副作用、小分子激酶抑制剂新药疗效、生物类似物疗效与安全性分析 5 个前沿群。其中,肿瘤靶向治疗方面包括 "PD-1/PD-L1 抑制剂治疗非小细胞肺癌和肾细胞癌""放射性核素标记 PSMA 靶向治疗去势抵抗性前列腺癌" 2 个热点;慢性病治疗新手段和标准方面包括 "高血压强化降压治疗"、"生物可吸收药物洗脱支架治疗冠心病疗效" 以及 "人工胰腺闭环控制糖尿病临床研究" 3 个热点前沿;放射性核素标记成像诊疗应用及副作用前沿群则包括 "阿尔茨海默病 F-18 标记 tau 靶向 PET 成像"、"放射性核素标记 PSMA 靶向治疗去势抵抗性前列腺癌" 及 "含钆造影剂脑部钆沉淀风险" 3 个热点前沿(表 5.1 和图 5.1)。

表 5.1 临床医学领域 Top10 热点前沿

排名	热点前沿	核心论文/篇	被引频次	核心论文平均出版年
1	高血压强化降压治疗	9	1456	2016
2	阿尔茨海默病 F-18 标记 tau 靶向 PET 成像	32	1791	2015.9
3	含钆造影剂脑部钆沉淀风险	29	1766	2015.9
4	生物类似药英夫利昔单抗(CT-P13)的疗效和安全性研究	26	1284	2015.9
5	神经内分泌肿瘤相关研究	17	1099	2015.6
6	人工胰腺闭环控制糖尿病临床研究	24	1383	2015.5

续表

排名	热点前沿	核心论文/篇	被引频次	核心论文平均出版年
7	生物可吸收药物洗脱支架治疗冠心病疗效	35	2997	2015.2
8	放射性核素标记PSMA靶向治疗去势抵抗性前列腺癌	31	2709	2015.2
9	特发性肺纤维化突破性新药：Nintedanib	39	4174	2015.1
10	PD-1/PD-L1抑制剂治疗非小细胞肺癌和肾细胞癌	8	5430	2015

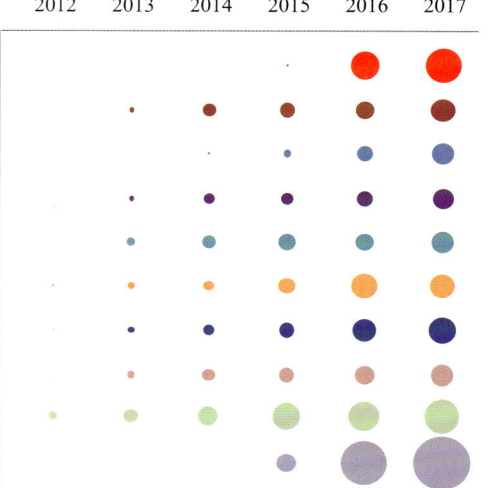

- 高血压强化降压治疗
- 阿尔茨海默病F-18标记tau靶向PET成像
- 含钆造影剂脑部钆沉淀风险
- 生物类似药英夫利昔单抗（CT-P13）的疗效和安全性研究
- 神经内分泌肿瘤相关研究
- 人工胰腺闭环控制糖尿病临床研究
- 生物可吸收药物洗脱支架治疗冠心病疗效
- 放射性核素标记PSMA靶向治疗去势抵抗性前列腺癌
- 特发性肺纤维化突破性新药：Nintedanib
- PD-1/PD-L1抑制剂治疗非小细胞肺癌和肾细胞癌

图 5.1　临床医学领域Top10热点前沿的施引论文

5.1.2　重点热点前沿——高血压强化降压治疗

高血压是心血管疾病的关键危险因素。目前全世界权威指南对高血压的定义为收缩压 ≥ 140 mmHg 和（或）舒张压 ≥ 90 mmHg。根据相关统计数据，高血压正影响全球超10亿人的健康，每年有900万人死于高血压并发症，而中国高血压人数已超3亿。大量临床研究显示，控制高血压可减少心血管事件风险。但多年来，高血压降压治疗最佳目标值一直存在争议。2017年，美国公布新版高血压指南，重新定义了高血压及其分类，降低了治疗目标值等，引起各界强烈反响。高血压患者的降压目标值问题也再次引发了各界广泛关注和讨论。

"高血压强化降压治疗"热点前沿的核心论文，主要关注降压及强化降压治疗对高血压患者卒中、冠心病等心血管不良事件发生的影响，两篇为收缩期血压干预试验（systolic blood pressure intervention trial，SPRINT）研究（被引频次占总引用的80%），其他核心论文关注循证医学研究，论述高血压患者降压治疗的益处。其中，2015 年 11 月发表在《新英格兰医学杂志》上的 SPRINT 研究被引频次最高，达 1152 次。该研究由美国国立卫生研究院资助，因强化降压组获益显著而提前终止。其公布的数据表明，强化降压治疗可使心血管不良事件减少 30%，全因死亡率降低 25%，但可增加低血压、晕厥等发生风险。该研究结果使得强化降压治疗再度成为关注热点，并在很大程度上对美国新版高血压指南下调各类高血压人群的降压靶目标产生了影响。

2016 年《柳叶刀》在线发表了北京大学的研究，显示强化降压治疗比非强化降压治疗能更显著地降低主要复合血管事件的发生，与 SPRINT 的研究相互印证。

SPRINT 等对强化降压治疗的研究为积极降压治疗策略增添了颇具分量的砝码，然而在临床实践中研究者仍采取非常谨慎的态度对待血压调控与心血管病预防之间的关系。遵从个体差异、探索不同群体高血压最佳目标值，将是精准医疗时代高血压治疗领域研究和努力的方向之一。该热点前沿核心论文的主要参与国家包括美国、澳大利亚、瑞典、英国、以色列、中国和加拿大等。主要参与机构包括美国凯斯西储大学和中国北京大学等。

施引论文是核心论文研究的延续，美国研究者参与了 50.1%（535 篇）的施引论文，远超排在第 2、第 3 位的英国（131 篇）和加拿大（125 篇）（表 5.2）。施引论文 Top10 产出机构中有来自美国的哈佛大学、约翰·霍普金斯大学、美国国立卫生研究院等 6 所机构，反映其在高血压强化降压治疗领域良好的持续发展态势。

表 5.2 "高血压强化降压治疗"研究前沿中施引论文的 Top 产出国家和机构

排名	国家	施引论文/篇	比例/%	排名	机构	国家	施引论文/篇	比例/%
1	美国	535	50.1	1	哈佛大学	美国	66	4.5
2	英国	131	12.3	2	阿拉巴马大学伯明翰分校	美国	55	3.8
3	加拿大	125	11.7	3	约翰·霍普金斯大学	美国	49	3.4
4	意大利	114	10.7	4	维克森林大学	美国	40	2.7
5	德国	79	7.4	5	美国国立卫生研究院	美国	39	2.7
6	中国	66	6.2	6	米兰比可卡大学	意大利	36	2.5
7	澳大利亚	59	5.5	7	意大利发育研究所	意大利	35	2.4
8	西班牙	55	5.1	8	帝国理工学院	英国	33	2.3
9	法国	54	5.1	9	多伦多大学	加拿大	33	2.3
10	荷兰	52	4.9	10	麦克马斯特大学	加拿大	30	2.1
				10	杜兰大学	美国	30	2.1
				10	牛津大学	英国	30	2.1

5.1.3 重点热点前沿——生物可吸收药物洗脱支架治疗冠心病疗效

冠心病介入治疗经历了球囊扩张（PTCA）、金属裸支架、药物洗脱支架（DES）三个时代，最近几年出现的生物可吸收支架的植入，有人称这是冠心病介入的第四个时代。药物洗脱支架的出现使冠心病的经皮冠状动脉介入治疗（PCI）术后再狭窄率显著下降，但也由于植入永久支架，增加了血管炎症反应和晚期支架内血栓形成的风险。同时，为预防支架内血栓，延长双联抗血小板治疗时间又导致出血风险增加，这两方面部分抵消了其临床收益。用生物可吸收支架代替永久金属支架，仅提供术后暂时的血管管腔支撑，随后便逐渐降解吸收，使血管的结构完整性和舒缩功能恢复至自然状态，从而减少因永久支架存在而导致的危险事件发生。2016 年，美国食品药品监督管理局（FDA）宣布批准雅培公司完全可降解支架（BVS）的临床应用。

"生物可吸收药物洗脱支架治疗冠心病疗效"热点前沿包括 35 篇核心论文，主要是关于生物可吸收药物洗脱支架的临床试验、荟萃分析，多为前瞻性、多中心、随访研究，目的是评估生物可吸收药物洗脱支架的安全性和有效性。虽然已有的临床研究大部分都在一定程度上验证了生物可吸收药物洗脱支架治疗冠心病的安全性和有效性，但还存在一些不足。比如这些临床研究结果大多是在简单冠状动脉病变患者中获取的，而治疗复杂冠状动脉病变的临床试验数据尚不多见。此外还有部分临床研究提示，生物可吸收药物洗脱支架植入术后，亚急性和极晚期支架内血栓形成风险有所增加。因此大样本和长期随访临床研究数据对进一步评估验证生物可吸收药物洗脱支架的安全性和有效性至关重要。

该热点前沿 35 篇核心论文 Top 产出国家和机构中，荷兰参与贡献率最高，达 60.0%，其中鹿特丹依拉斯姆斯大学领先优势明显，参与发表了 20 篇核心论文，占比 57.1%，排名第 1；英国和美国紧随荷兰之后，参与贡献率均为 45.7%，主要产出机构有英国的帝国理工学院和美国的雅培公司心血管产品部，参与贡献率分别为 42.9% 和 31.4%（表 5.3）。

表 5.3 "生物可吸收药物洗脱支架治疗冠心病疗效"研究前沿中 35 篇核心论文的 Top 产出国家和机构

排名	国家	核心论文/篇	比例/%	排名	机构	国家	核心论文/篇	比例/%
1	荷兰	21	60.0	1	鹿特丹依拉斯姆斯大学	荷兰	20	57.1
2	英国	16	45.7	2	帝国理工学院	英国	15	42.9
2	美国	16	45.7	3	雅培公司心血管产品部（美）	美国	11	31.4
4	意大利	9	25.7	4	阿姆斯特丹大学	荷兰	7	20.0
5	波兰	8	22.9	5	雅培公司心血管产品部（比利时）	比利时	6	17.1
6	日本	7	20.0	5	京都大学	日本	6	17.1

续表

排名	国家	核心论文/篇	比例/%	排名	机构	国家	核心论文/篇	比例/%
6	德国	7	20.0	5	CARDIALYSIS 公司	荷兰	6	17.1
8	法国	6	17.1	5	奥克兰城市医院	新西兰	6	17.1
8	新西兰	6	17.1	5	克拉科夫雅盖隆大学	波兰	6	17.1
8	西班牙	6	17.1	5	巴塞罗那大学	西班牙	6	17.1
8	瑞士	6	17.1					
8	比利时	6	17.1					

施引论文方面（表 5.4），产出最多的国家为美国，其后依次为意大利、荷兰、英国和德国，值得一提的是中国以 58 篇施引论文上榜，位列第 9；产出机构中，荷兰的鹿特丹依拉斯姆斯大学和英国的帝国理工学院居前两位，远远领先其他机构。

表 5.4 "生物可吸收药物洗脱支架治疗冠心病疗效"研究前沿中施引论文的 Top 产出国家和机构

排名	国家	施引论文/篇	比例/%	排名	机构	国家	施引论文/篇	比例/%
1	美国	255	29.7	1	鹿特丹依拉斯姆斯大学	荷兰	140	16.3
2	意大利	195	22.7	2	帝国理工学院	英国	128	14.9
3	荷兰	179	20.8	3	阿姆斯特丹大学	荷兰	54	6.3
4	英国	160	18.6	4	圣拉斐尔生命健康大学	意大利	52	6.1
5	德国	137	15.9	5	雅培公司心血管产品部（美）	美国	48	5.6
6	瑞士	77	9.0	6	哥伦比亚大学	美国	45	5.2
7	西班牙	72	8.4	7	心血管研究基金会	美国	40	4.7
8	日本	64	7.5	7	哥伦布 EMO GVM 心脏中心	意大利	40	4.7
9	中国	58	6.8	9	德国慕尼黑心脏中心	德国	39	4.5
10	法国	51	5.9	10	伯尔尼大学	瑞士	38	4.4

5.2 新兴前沿及重点新兴前沿解读

5.2.1 新兴前沿总体态势分析

临床医学领域 2018 年入选的 11 个新兴前沿相较往年分布较为分散，涉及肿瘤精准治疗、免疫疗法、传染病防控、危重病早期识别和干预、疾病突破性治疗新药等多个方面。其中，巨细胞动脉炎治疗新药 Tocilizumab、伴 17p 缺失突变（del 17p）慢性淋巴细胞白血病治疗新药 Venetoclax 对靶向疾病治疗产生了突破性效果，是近几年临床医学领域大受追捧和具有里程碑意义的研究热点（表 5.5）。

表 5.5 临床医学领域的 11 个新兴前沿

排名	新兴前沿	核心论文/篇	被引频次	核心论文平均出版年
1	阿片类药物危机	10	111	2016.9
2	BCL-2 抑制剂 Venetoclax 治疗复发或难治性慢性淋巴细胞白血病	4	155	2016.8
3	FOLFIRI 联合西妥昔单抗或贝伐单抗治疗对 KRAS 野生型转移性结直肠癌影响	4	93	2016.8
4	长链非编码 RNA 与肿瘤进展及预后关系	7	140	2016.7
5	轮状病毒感染致死率与轮状病毒疫苗有效性	3	111	2016.7
6	临床评分识别大血管闭塞的卒中患者	6	95	2016.7
7	肿瘤患者 PD-1/PD-L1 抗体治疗临床试验	7	245	2016.6
8	免疫抑制剂治疗特异性皮炎	7	206	2016.6
9	早期目标导向治疗（EGDT）对脓毒症休克患者预后影响	8	142	2016.6
10	巨细胞动脉炎治疗新突破：Tocilizumab	5	113	2016.6
11	心外科手术冷热交换系统引发 Chimaera 分枝杆菌经空气传播风险	5	99	2016.6

5.2.2 重点新兴前沿——BCL-2 抑制剂 Venetoclax 治疗复发或难治性慢性淋巴细胞白血病

慢性淋巴细胞白血病（chronic lymphocytic leukemia，CLL）是西方国家成年人中最常见的白血病类型，占所有白血病类型的 30%。伴 17p 缺失突变（del 17p）约发生在 10% 初治和 50% 复发性 CLL 患者中，其经标准化疗治疗后，预后通常极差，中位生存期仅 2~3 年，治疗面临巨大挑战。近年来，多种作用于 B 细胞抗原受体（B-cell antigen receptor，BCR）信号通路的抑制剂问世，极大地促进了 CLL 的治疗，《2015 研究前沿》中也对此做了重点分析。同样在 CLL 细胞凋亡中扮演重要角色的 B 细胞淋巴瘤因子 2（B-cell lymphoma 2，Bcl-2）信号通路调控，成为近几年研究 del 17p 复发或难治性 CLL 治疗的有效手段。

"BCL-2 抑制剂 Venetoclax 治疗复发或难治性慢性淋巴细胞白血病"重点新兴前沿共有 4 篇核心论文。其中，2016 年 5 月发表在《柳叶刀-肿瘤学》上的一项多中心 II 期临床试验研究发现，107 位 17p 染色体缺失（年龄≥18 岁）的复发或难治 CLL 患者在平均 12.1 个月的 Venetoclax 单药治疗周期内，总反应率高达 79.4%。该研究结果对 FDA 批准 Venclexta（venetoclax）单药用于携带 del 17p 及既往至少接受过一种治疗的 CLL 患者，产生了积极影响。Venclexta 成为首款获得 FDA 批准的 BCL-2 抑制剂，也是蛋白质-蛋白质相互作用（PPI）领域首个获批的小分子药物，具有里程碑意义。

第 6 章 生物科学

6.1 热点前沿及重点热点前沿解读

6.1.1 生物科学 Top10 热点前沿发展态势

生物科学领域位居 Top10 的热点前沿主要集中于 mRNA 甲基化、DNA 甲基化介导的基因表达调控，病毒感染的生物学研究，细胞衰老的分子机制，肠道微生物对大脑和行为的影响，以及机体免疫反应和疾病发生的机理等。其中，"mRNA 甲基化介导的基因表达调控"是 2017 年 mRNA 甲基化热点前沿的延续。寨卡病毒的研究在 2017 年入选新兴前沿，2018 年"寨卡病毒感染的生物学研究"成为热点前沿，"寨卡病毒感染与防治"也成为新兴前沿。近年来，科学家在寨卡病毒关键药物靶点方面取得重要突破，为开发治疗寨卡病毒的特效药物奠定了重要基础（表 6.1 和图 6.1）。

表 6.1 生物科学领域 Top10 热点前沿

排名	热点前沿	核心论文/篇	被引频次	核心论文平均出版年
1	寨卡病毒感染的生物学研究	38	2409	2016.4
2	细胞衰老的分子机制	22	2126	2015.5
3	炎性小体的机制和功能	45	4282	2015.4
4	mRNA 甲基化介导的基因表达调控	42	4811	2015.3
5	碳酸酐酶抑制剂的合成及生物活性	47	2918	2015.3
6	TREM2 基因变异与阿尔茨海默病	32	4087	2015.2
7	乙型肝炎病毒感染的分子生物学研究	33	2545	2015.2
8	PROTAC 靶向蛋白降解	17	1502	2015.2

续表

排名	热点前沿	核心论文/篇	被引频次	核心论文平均出版年
9	肠道微生物对大脑和行为的影响	48	5275	2015.1
10	哺乳动物早期胚胎DNA甲基化的独特调控阶段	28	3671	2015.1

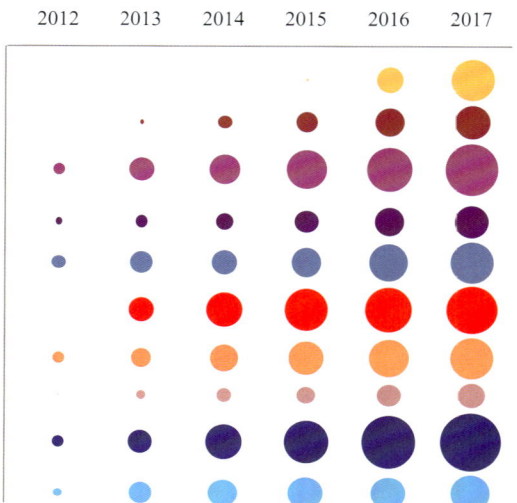

图 6.1　生物科学领域 Top10 热点前沿的施引论文

6.1.2 重点热点前沿——TREM2 基因变异与阿尔茨海默病

阿尔茨海默病（Alzheimer's disease，AD）是影响全世界约 4700 万人的一种复杂疾病。AD 患者主要的临床症状之一是记忆和认知的渐进性衰退，目前还没有任何方法能治愈该疾病。髓样细胞触发性受体 -2（triggering receptor expressed on myeloid cells 2，TREM2）是免疫球蛋白超家族的一种细胞表面受体，在中枢神经系统的小胶质细胞上表达。

该热点前沿的论文记录了自 2013 年以来突破性的 AD 相关的遗传学研究进展，揭示出 TREM2 的突变与 AD 风险的增加高度关联。研究证明，TREM2 还是多种神经退行性疾病的共有风险基因，其编码区 R47H 突变增加近 3 倍罹患 AD 的风险，同时也显著增加额颞叶痴呆、肌萎缩侧索硬化和帕金森病等的发病风险。

该热点前沿的论文也记录了 TREM2 如何参与并影响 AD 病理进程。最新的研究更是揭示了 TREM2 行使其功能的具体细节。在小鼠模型中 TREM2 除了能减少与阿尔茨海默病相关的病理，还能够缓解认知功能上的缺陷。这提示使用大脑现有的免疫机制来清除淀粉样蛋白可以作为一种治疗 AD 的新策略，可通过上调 TREM2 的表达或激活 TREM2 信号通路实现。上述研究有力地支持了 TREM2 今后可以作为 AD 治疗靶点。这对于 AD 和其他神经退行性疾病的未来治疗可能具有重要的意义。

该热点前沿的 32 篇核心论文中,美国参与了 93.8% 的研究,遥遥领先于其他国家,在该主题的研究方面有绝对优势。英国、意大利、以色列、加拿大及中国等国家都参与其中的几篇核心论文,对该主题有所贡献。从核心论文的机构分布看,华盛顿大学(圣路易斯)表现突出,以 13 篇核心论文占据首位,占比 40.6%;其次是梅奥医学中心、伦敦大学学院和哈佛大学,分别参与 6 篇、5 篇、5 篇核心论文(表 6.2)。

表 6.2 "TREM2 基因变异与阿尔茨海默病"研究前沿中 32 篇核心论文的 Top 产出国家和机构

排名	国家	核心论文/篇	比例/%	排名	机构	国家	核心论文/篇	比例/%
1	美国	30	93.8	1	华盛顿大学(圣路易斯)	美国	13	40.6
2	英国	6	18.8	2	梅奥医学中心	美国	6	18.8
3	意大利	5	15.6	3	伦敦大学学院	英国	5	15.6
4	以色列	4	12.5	3	哈佛大学	美国	5	15.6
4	加拿大	4	12.5	5	魏茨曼科学研究所	以色列	4	12.5
6	中国	3	9.4	5	剑桥大学	英国	4	12.5
6	土耳其	3	9.4	5	美国国立卫生研究院	美国	4	12.5
6	西班牙	3	9.4	5	礼来公司	美国	4	12.5
6	德国	3	9.4					

从施引论文的分布来看,美国是最活跃的国家,参与了 1068 篇施引论文,占施引论文总数的 54.6%。其次是英国,参与了 345 篇施引论文,占比 17.6%。中国和德国分别以 258 篇和 255 篇施引论文排在第 3 和第 4 位(表 6.3)。施引论文的 Top10 国家还包括加拿大、法国、瑞典、荷兰、意大利和澳大利亚。施引论文总量排名 Top10 的机构来自美国、英国、德国和法国 4 国,其中来自美国的机构有 6 所,包括哈佛大学、华盛顿大学(圣路易斯)、梅奥医学中心、哥伦比亚大学、加利福尼亚大学旧金山分校和华盛顿大学西雅图分校。英国的伦敦大学学院,德国的亥姆霍兹联合会、德国癌症研究中心,法国的法国国家健康与医学研究院也对该前沿的研究做出了重要贡献。

表 6.3 "TREM2 基因变异与阿尔茨海默病"研究前沿中施引论文的 Top 产出国家和机构

排名	国家	施引论文/篇	比例/%	排名	机构	国家	施引论文/篇	比例/%
1	美国	1068	54.6	1	哈佛大学	美国	184	9.4
2	英国	345	17.6	2	伦敦大学学院	英国	129	6.6

续表

排名	国家	施引论文/篇	比例/%	排名	机构	国家	施引论文/篇	比例/%
3	中国	258	13.2	3	华盛顿大学(圣路易斯)	美国	122	6.2
4	德国	255	13.0	4	亥姆霍兹联合会	德国	107	5.5
5	加拿大	131	6.7	5	法国国家健康与医学研究院	法国	97	5.0
6	法国	128	6.5	5	梅奥医学中心	美国	97	5.0
7	瑞典	118	6.0	7	德国癌症研究中心	德国	86	4.4
8	荷兰	116	5.9	8	哥伦比亚大学	美国	81	4.1
9	意大利	115	5.9	8	加利福尼亚大学旧金山分校	美国	81	4.1
10	澳大利亚	106	5.4	8	华盛顿大学西雅图分校	美国	81	4.1

6.1.3 重点热点前沿——肠道微生物对大脑和行为的影响

肠道内定植了数量众多、种类丰富的肠道菌群，它们和宿主间形成了互利共生的关系。大量的研究表明肠道微生物对于机体健康具有重要的作用，肠道菌群与人体健康关系是近年来的大热领域，2013年被 *Science* 评为十大科学进展之一。肠道微生物对大脑和行为的影响更是成为新的热点。

"肠道微生物对大脑和行为的影响"热点前沿中的论文记载了近年来该主题取得的重要研究突破。研究表明，肠道正常微生物作为重要的环境因素影响着早期大脑的发育和功能。在人生的另一个极端，健康的老化过程与菌群多样性降低相关。研究还表明，肠道菌群通过肠-脑轴对宿主的应激反应、焦虑、抑郁和认知功能产生重要影响，一些精神疾病（如焦虑、抑郁、自闭、精神分裂及神经退行性疾病等）都和肠道微生物密切相关。肠道菌群失调则可能引发肠-脑疾病（如肠易激综合征、炎性肠道疾病和肝性脑病）和中枢神经系统疾病（如阿尔茨海默病、帕金森病和自闭症、抑郁症等）。

目前的研究多集中在现象研究，比如发现菌群变化引起脑部功能的改变，或发现疾病引起肠道菌群的变化等现象。但是，如何解析肠道菌群在各个疾病中的作用机制，其最关键的环节等问题还没有得到很好的回答。脑科学计划是未来国内外重点研究的领域，相信肠道菌群与脑科学之间的研究会成为其中非常重要的新兴领域。

该热点前沿包括48篇核心论文。其中爱尔兰和美国是核心论文的主要贡献国家，分别参与了17篇和13篇核心论文，占该前沿核心论文总数的35.4%和27.1%。英国、荷兰、加拿大、中国和瑞士则只参与了其中的3～5篇论文。从核心论文的机构分布来看，爱尔兰的科克大学是核心论文的主要贡献机构，爱尔兰的 17 篇核心论文，该机构都有参与。爱尔兰农业与食品发展部参与了 7 篇核心论文，加拿大的麦克马斯特大学、美国的贝勒医学院也对核心论文有贡献（表 6.4）。

表 6.4 "肠道微生物对大脑和行为的影响"研究前沿中 48 篇核心论文的 Top 产出国家和机构

排名	国家	核心论文/篇	比例/%	排名	机构	国家	核心论文/篇	比例/%
1	爱尔兰	17	35.4	1	科克大学	爱尔兰	17	35.4
2	美国	13	27.1	2	爱尔兰农业与食品发展部	爱尔兰	7	14.6
3	英国	5	10.4	3	麦克马斯特大学	加拿大	4	8.3
4	荷兰	4	8.3	4	贝勒医学院	美国	3	6.3
4	加拿大	4	8.3					
6	中国	3	6.3					
6	瑞士	3	6.3					

从施引论文的国家分布来看，美国参与了 1010 篇施引论文，是施引论文数量最多的国家（表 6.5）。中国和英国分别有 239 篇和 216 篇施引论文，在该前沿也展开了跟进研究。加拿大、意大利和爱尔兰对施引论文的贡献也较多。施引论文的 Top10 机构中，爱尔兰的科克大学以 158 篇施引论文排名第 1；美国在 Top10 机构中占有 5 席，其中哈佛大学以 110 篇施引论文排名 Top10 机构的第 2。

表 6.5 "肠道微生物对大脑和行为的影响"研究前沿中施引论文的 Top 产出国家和机构

排名	国家	施引论文/篇	比例/%	排名	机构	国家	施引论文/篇	比例/%
1	美国	1010	40.2	1	科克大学	爱尔兰	158	6.3
2	中国	239	9.5	2	哈佛大学	美国	110	4.4
3	英国	216	8.6	3	麦克马斯特大学	加拿大	60	2.4
4	加拿大	188	7.5	4	爱尔兰农业与食品发展部	爱尔兰	50	2.0
5	意大利	171	6.8	5	美国国立卫生研究院	美国	47	1.9
6	爱尔兰	170	6.8	6	麻省理工学院	美国	44	1.8
7	德国	146	5.8	7	法国国家健康与医学研究院	法国	42	1.7
8	澳大利亚	135	5.4	8	法国国家科学研究中心	法国	41	1.6
9	法国	129	5.1	8	康奈尔大学	美国	41	1.6
10	荷兰	119	4.7	8	加利福尼亚大学圣迭戈分校	美国	41	1.6

6.2 新兴前沿及重点新兴前沿解读

6.2.1 新兴前沿概述

生物科学领域有10项研究入选新兴前沿，主要研究主题包括环状RNA、非编码RNA、DNA复制、肿瘤的发生和迁移、寨卡病毒、阿尔茨海默病等。其中"环状RNA作为新的癌症诊断标志物"是2017年"环状RNA的起源、鉴定与功能研究"的延续。非编码RNA和寨卡病毒也是连续两年入选研究前沿。关于阿尔茨海默病致病基因的研究也曾是2016年的热点前沿，2018年有两个相关的研究，"基于生物标志物的阿尔茨海默病诊断"入选新兴前沿，而"TREM2基因变异与阿尔茨海默病"入选热点前沿。

肿瘤的相关研究也多次入选研究前沿，2018年关于肿瘤的研究主题集中在肿瘤的发生和迁移上，包括三个新兴前沿："细胞迁移过程中的核膜破裂与修复"、"细胞活性氧（ROS）与肿瘤发生及干预的关系"和"PCR复合物及肿瘤表观遗传"。这些研究对肿瘤发生和迁移的过程有了新的认识，同时也给消灭癌细胞提供了新思路（表6.6）。

表6.6 生物科学领域的10个新兴前沿

序号	新兴前沿	核心论文/篇	被引频次	核心论文平均出版年
1	环状RNA作为新的癌症诊断标志物	13	210	2017
2	基于生物标志物的阿尔茨海默病诊断	8	81	2017
3	寨卡病毒蛋白酶抑制剂	16	364	2016.8
4	PCR复合物及肿瘤表观遗传	6	93	2016.8
5	抗1型糖尿病患者核糖体胰岛素基因产物自身免疫	4	89	2016.8
6	细胞活性氧（ROS）与肿瘤发生及干预的关系	3	107	2016.7
7	海马颗粒细胞与苔藓细胞的生理特性及行为相关性	3	58	2016.7
8	CMG解旋酶启动细胞DNA复制的机制	14	355	2016.6
9	细胞迁移过程中的核膜破裂与修复	5	243	2016.6
10	非编码RNA识别模式	5	153	2016.6

6.2.2 重点新兴前沿——细胞迁移过程中的核膜破裂与修复

该新兴前沿包括5篇核心论文，其中包括2016年发表在 *Science* 上的两篇重要论文。研究人员发现细胞穿过狭窄缝隙受到挤压时，不仅会破坏细胞膜，而且还让细胞的DNA遭受损伤。不过细胞能够自我修复断裂的DNA，一种叫作ESCRT Ⅲ复合物的分子封住了核膜中的裂口。科学家们认为这种核膜破裂和DNA损伤可能广泛存在于人体内，修复DNA损伤和修复核膜破裂在受到挤压的细胞存活中发挥着至关重要的作用，不仅可以帮助免疫细胞存活，也可以让癌细胞受益。

迁移到体内新的位点并开始生长的癌细胞是大多数癌症患者死亡的原因。研究结果提示抑制修复 DNA 损伤和修复核膜破裂这两个修复过程的一些药物可能能够阻止癌细胞转移，最终能让研究者们设计出一些药物来阻止癌细胞迁移至新位点。

第 7 章 化学与材料科学

7.1 热点前沿及重点热点前沿解读

7.1.1 化学与材料科学 Top10 热点前沿发展态势

化学与材料科学领域 Top10 热点前沿主要分布在有机合成、电池、纳米技术、绿色化学、超快科学、自由基聚合等领域。与 2013～2017 年相比，2018 年 Top10 热点前沿既有延续又有发展。在有机化学领域，间位选择性碳氢键活化连续第二年入选热点前沿；光氧化还原催化虽然是第三次出现在《研究前沿》报告中，但"镍/光氧化还原协同催化"是首次出现。在电池领域，"钙钛矿太阳能电池"连年入选热点前沿，2018 年侧重在无铅钙钛矿材料和钙钛矿-硅串联电池两个方向；锂枝晶抑制研究也是第二次出现在《研究前沿》报告中。在纳米技术方面，光电材料、二维材料和复合材料各有一项入选。在绿色化学领域，低共熔溶剂成为研究热点。在超快科学领域，依托自由电子激光大科学装置的"串行飞秒晶体学"入选热点前沿。在自由基聚合领域，"光引发的活性自由基聚合"连续第二年入选热点前沿（表 7.1 和图 7.1）。

表 7.1 化学与材料科学 Top10 热点前沿

排名	热点前沿	核心论文/篇	被引频次	核心论文平均出版年
1	金属锂负极枝晶抑制研究	34	2941	2015.9
2	间位选择性碳氢键活化	34	2599	2015.5
3	光引发的活性自由基聚合	34	3037	2015.3
4	镍/光氧化还原协同催化	23	2350	2015.2
5	全无机钙钛矿纳米晶光电材料	18	3951	2015.1

续表

排名	热点前沿	核心论文/篇	被引频次	核心论文平均出版年
6	钙钛矿太阳能电池	25	3361	2015.1
7	硼烯	19	1831	2015.1
8	高介电常数聚合物基纳米复合材料	16	1959	2015
9	串行飞秒晶体学	19	2190	2014.6
10	低共熔溶剂及其应用	18	2990	2014.2

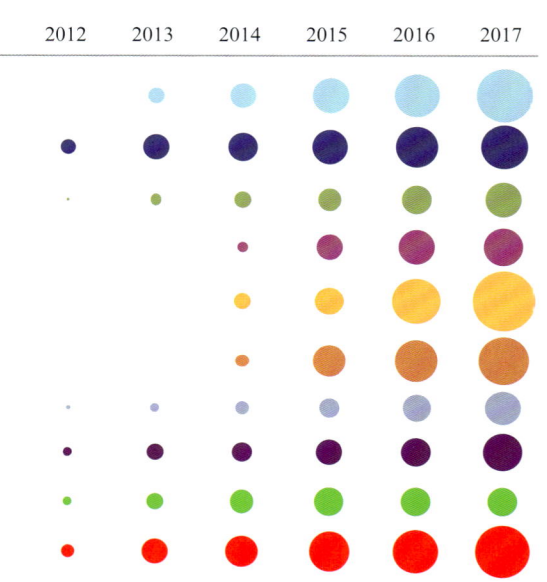

图 7.1　化学与材料科学领域 Top10 热点前沿的施引论文

7.1.2　重点热点前沿——间位选择性碳氢键活化

对于含有多个碳氢键的芳香族化合物，如何实现选择性碳氢键活化一直是一个关键而又棘手的问题。通常情况下，相对邻位和对位，位于导向基团间位的碳氢键较难活化。常规的基于底物固有位阻效应、电性效应的活化方法适用范围有限，开发新的活化方法迫在眉睫。"间位选择性碳氢键活化"连续两年入选《研究前沿》报告热点前沿。

2012 年，美国斯克里普斯研究所余金权开创性地设计了一种包含氰基的 U 形模板，通过形成大环环钯中间体，远程导向实现芳环间位碳氢键活化。2015 年 3 月，余金权又设计了一种以降冰片烯为瞬态介质、通过 Catellani 反应实现苯环间位碳氢键活化的新策略。一个月后，美国得克萨斯大学奥斯汀分校董广彬也独立报道了相似的活化策略。此外，德国哥廷根大学 Lutz Ackermann 和英国巴斯大学 Christopher G. Frost 深入研究了 σ 活化策略，英国伦敦玛丽王后大学 Igor Larrosa 报道了无痕导向基团诱导间位活化策略，日本东京大学 Motomu Kanai 报道了基于底物和配体之间氢键的活化策略。

本书前沿定量统计结果也反映了上述研发态势。如表 7.2 所示，美国、德国、印度等国家在该领域发表了多篇核心论文，斯克里普斯研究所、哥廷根大学、印度理工学院等研究机构在该领域成果显著。印度理工学院 Debabrata Maiti 设计了新的 U 形模板，在模板远程活化方面做了许多工作。中国南京大学孙为银与余金权合作，首次将 U 形模板扩展到铑催化的间位碳氢键活化反应。

表 7.2 "间位选择性碳氢键活化"研究前沿中 34 篇核心论文的 Top 产出国家和机构

排名	国家	核心论文/篇	比例/%	排名	机构	国家	核心论文/篇	比例/%
1	美国	12	35.3	1	斯克里普斯研究所	美国	10	29.4
2	德国	6	17.6	2	哥廷根大学	德国	6	17.6
2	印度	6	17.6	3	印度理工学院	印度	5	14.7
2	中国	6	17.6	4	东京大学	日本	2	5.9
5	英国	3	8.8	4	中国科学院	中国	2	5.9
6	日本	2	5.9					

从施引论文角度看（表 7.3），美国、印度、德国、日本、英国等国仍在该领域积极探索；中国施引论文最多，表现出积极跟进的态势。斯克里普斯研究所、印度理工学院、哥廷根大学等研究机构仍是该领域的研究重镇。中国科学院、浙江大学、北京大学等研究机构在该领域正在做出越来越多的贡献。

表 7.3 "间位选择性碳氢键活化"研究前沿中施引论文的 Top 产出国家和机构

排名	国家	施引论文/篇	比例/%	排名	机构	国家	施引论文/篇	比例/%
1	中国	409	42.6	1	中国科学院	中国	80	8.3
2	美国	172	17.9	2	斯克里普斯研究所	美国	55	5.7
3	印度	117	12.2	3	印度理工学院	印度	51	5.3
4	德国	70	7.3	4	哥廷根大学	德国	32	3.3
5	日本	58	6.0	5	浙江大学	中国	22	2.3
6	英国	57	5.9	6	北京大学	中国	21	2.2
7	西班牙	26	2.7	6	中国科学技术大学	中国	21	2.2
8	加拿大	17	1.8	8	印度科学教育与研究所	印度	20	2.1

续表

排名	国家	施引论文/篇	比例/%	排名	机构	国家	施引论文/篇	比例/%
9	意大利	16	1.7	9	印度科学与工业研究理事会	印度	19	2.0
10	法国	15	1.6	9	四川大学	中国	19	2.0

7.1.3 重点热点前沿——低共熔溶剂及其应用

低共熔溶剂是一种新型的绿色溶剂，由英国莱斯特大学 Andrew P. Abbott 在 21 世纪初首次合成。低共熔溶剂通常由季铵盐和金属盐或氢键供体组成，最常用的季铵盐是氯化胆碱（熔点 302 ℃），它与尿素（熔点 113 ℃）以 2∶1 的摩尔比例共混可以形成一种熔点低于起始物质的混合物（熔点 12 ℃）。低共熔溶剂与离子液体有很多相似的物理性质，而且成本低廉、制备简单。

近年来，研究人员对低共熔溶剂的各种物质性质（如密度、黏度、导电性、表面张力等）进行了大量研究，对其毒性的认识正在不断深入。低共熔溶剂被广泛用于电沉积、电抛光、金属提取、有机合成、纳米材料合成、生物转化、催化、气体分离等多个领域。

本书前沿中的核心论文主要来自荷兰、西班牙等欧盟国家，这与欧盟通过框架计划资助了大量低共熔溶剂产业化项目有关。英国莱斯特大学、荷兰莱顿大学等研究机构在该领域做了大量研究。

在施引论文方面，如表 7.4 所示，来自中国、印度、西班牙、美国、伊朗等国家的研究人员发表了大量施引论文，其中中国的施引论文数量最多。在施引论文 Top10 机构中，马来西亚马来亚大学施引论文数量最多，中国科学院排在第 3。

表 7.4 "低共熔溶剂及其应用"研究前沿中施引论文的 Top 产出国家和机构

排名	国家	施引论文/篇	比例/%	排名	机构	国家	施引论文/篇	比例/%
1	中国	355	28.4	1	马来亚大学	马来西亚	55	4.4
2	印度	105	8.4	2	卡布斯苏丹大学	阿曼	51	4.1
3	西班牙	95	7.6	3	中国科学院	中国	39	3.1
4	美国	92	7.3	4	仁荷大学	韩国	33	2.6
5	伊朗	87	6.9	5	法国国家科学研究中心	法国	30	2.4
6	马来西亚	79	6.3	5	西班牙科学研究委员会	西班牙	30	2.4
7	英国	74	5.9	7	哈里发大学	阿拉伯联合酋长国	26	2.1

续表

排名	国家	施引论文/篇	比例/%	排名	机构	国家	施引论文/篇	比例/%
8	德国	70	5.6	8	印度理工学院	印度	25	2.0
9	葡萄牙	60	4.8	9	华南理工大学	中国	24	1.9
10	阿曼	55	4.4	10	伊朗化学与化学工程研究中心	伊朗	23	1.8

7.2 新兴前沿及重点新兴前沿解读

7.2.1 新兴前沿发展态势

2018年在化学与材料科学领域共有8项研究入选新兴前沿,主要涉及催化剂的制备和应用、有机化合物的合成、材料的性能优化及制备。与2014～2017年新兴前沿相比,2018年出现较多新的研究方向,且有1/2的研究方向与催化剂相关。催化剂研究一直是化学与材料科学领域的热点研究方向,2018年针对催化剂的研究主要包括电解水催化剂、光解水催化剂、加氢/脱氢催化剂及半导体光催化剂等4个方向。电解水催化剂曾是2017年的新兴前沿,主要涉及非贵金属双功能电解水催化剂,2018年其研究方向转向中性环境下过渡金属(非贵金属)纳米阵列电解水催化剂;光解水催化剂是全新的新兴前沿,其研究主要涉及石墨相氮化碳与非贵金属(钴镍)化合物制备的复合光解水催化剂;加氢/脱氢催化剂研究主要集中于过渡金属(锰)螯合物的制备及在催化加氢/脱氢反应中的应用;半导体光催化剂主要涉及卤氧化铋光催化剂的催化机理及应用研究。在有机化合物的合成领域,卟啉类杂环化合物的制备/应用及磺酰基类化合物的合成是新入选方向,前者主要涉及卟啉类大环化合物及咔咯衍生物的合成/反应,后者主要集中于含磺酰基化合物的制备和应用。材料的性能优化及制备领域,主要包括"碳纳米材料(碳纳米管和石墨烯)改性聚合物""可拉伸材料和器件"两个研究方向(表7.5)。

表7.5 化学与材料科学的8个新兴前沿

序号	新兴前沿	核心论文/篇	被引频次	核心论文平均出版年
1	过渡金属纳米阵列在中性环境下电解水催化剂	13	219	2017
2	卟啉类配合物的制备及应用	8	147	2017
3	可拉伸材料和器件	4	128	2016.8
4	过渡金属(锰)配合物用作加氢/脱氢催化剂	20	607	2016.7
5	$g-C_3N_4$与非贵金属(钴镍)化合物作为光解水催化剂	7	193	2016.7

续表

序号	新兴前沿	核心论文/篇	被引频次	核心论文平均出版年
6	有机硫化物的合成	13	330	2016.6
7	碳纳米材料（碳纳米管和石墨烯）改性聚合物	7	235	2016.6
8	卤氧化铋半导体光催化剂	5	124	2016.6

7.2.2 重点新兴前沿——可拉伸材料和器件

可拉伸材料和器件能够与复杂的曲面无缝衔接，可显著扩展传统刚性电子器件在传感、监测、诊断和干预等功能方面的能力，在场效应晶体管、传感器、光电组件（可拉伸电极）、纳米发电机、超级电容及加热器、可穿戴电子器件、柔性能源及仿生器件等新兴领域具有重要应用。两种策略能够赋予器件可拉伸性能：①材料创新，通过合成本征可拉伸的材料或者集成可拉伸的材料；②结构设计，赋予不可拉伸材料特殊的机械结构，通过材料结构形变吸收施加在器件上的应力应变，从而避免材料本身失效。本新兴前沿的研究属于前者范畴，比较典型的方法是通过将功能分子材料及纳米结构应用在天然可拉伸性高分子基底上，且进一步与新型材料和加工技术结合，制备性能优异的元器件，使其在重要的新兴领域发挥重大作用。该领域面临的重大挑战是获得拉伸性能优异且电学性能稳定的导体，而现有技术主要依赖牺牲电荷传输迁移率以实现材料的可拉伸性。

本新兴前沿的4篇核心论文中的3篇出自斯坦福大学的鲍哲南教授团队，其许多工作都具有引领性和开创性。例如，2016年该团队摒弃了以往在弹性体里混合纳米纤维或纳米线等柔性半导体制备策略，创新性地将化学基团引入共轭聚合物中，实现了应变产生时材料依然具有较高的电子迁移能力的目标，该文的被引频次在本新兴前沿中最高，为124次。2017年，该团队还首次提出聚合物的纳米限域方法，制备了导电性和拉伸性俱佳的柔性半导体材料，相关文章的被引频次达95次。2018年3月，该团队首次成功开发出可以量产的高密度、高灵敏度、可拉伸晶体管阵列。中国的合肥工业大学2018年7月利用金属纳米线的有序组装成功研制出兼具自修复性、高导电性以及优异抗拉伸性和电机械稳定性的弹性导体材料。

第8章 物理学

8.1 热点前沿及重点热点前沿解读

8.1.1 物理学 Top10 热点前沿发展态势

物理学领域位居 Top10 的热点前沿主要集中于高能物理、凝聚态物理、理论物理和光学。高能物理方面，B 介子稀有衰变研究、中微子振荡、四夸克态和五夸克态奇特强子依然是 2018 年的热点前沿。凝聚态物理方面聚焦在外尔半金属特性和自旋-轨道耦合的莫特绝缘体上。理论物理方面，全息原理在凝聚态物理的应用、多体局域化系统依然是 2018 年的热点前沿，量子热力学研究、量子多体系统的非平衡动力学成为新的热点前沿。光学方面，双光梳光谱学研究备受关注（表 8.1 和图 8.1）。

表 8.1 物理学 Top10 热点前沿

排名	热点前沿	核心论文/篇	被引频次	核心论文平均出版年
1	B 介子稀有衰变研究	37	2536	2015.3
2	全息原理及其在凝聚态物理的应用	31	2145	2015.1
3	量子热力学研究	49	4421	2014.9
4	量子多体系统的非平衡动力学	36	3357	2014.8
5	双光梳光谱学研究	36	2810	2014.8
6	自旋-轨道耦合的莫特绝缘体研究	24	1948	2014.8
7	外尔半金属特性研究	38	9937	2014.7
8	中微子振荡与轻惰性中微子研究	40	6773	2014.7
9	多体局域化系统的研究	36	4439	2014.7
10	四夸克态和五夸克态的实验和理论研究	27	2563	2014.6

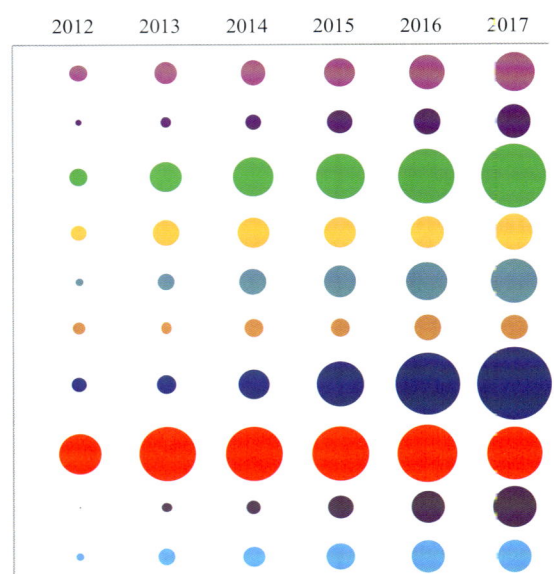

图 8.1 物理学 Top10 热点前沿的施引论文

8.1.2 重点热点前沿——外尔半金属特性研究

外尔半金属是一种新型的拓扑量子态，其由于奇特的能带结构、表面态性质和输运性质，近年来成为研究的热点。2015 年 7 月，美国普林斯顿大学和中国科学院物理研究所实验验证了砷化钽（TaAs）是外尔半金属，发现了外尔费米子。TaAs 等符合洛伦兹不变性的材料被称为第一类外尔半金属。在这个热点前沿中，这两篇论文的被引频次最高，分别为 897 次和 750 次。2015 年 11 月，瑞士苏黎世联邦理工学院预言了一种新的外尔半金属材料 WTe_2，这类材料由于打破了洛伦兹不变性而表现出许多与 TaAs 等外尔半金属不同的物理性质，因此被称为第二类外尔半金属。在这个热点前沿中，这篇论文的被引频次是第二类外尔半金属研究中最高的，为 453 次。

在这个热点前沿中，美国和中国大陆表现最活跃，是核心论文的主要产出国家/地区（表 8.2）。38 篇核心论文中，美国参与的有 25 篇，占核心论文总量的 65.8%；中国大陆参与的有 24 篇，占核心论文总量的 63.2%。新加坡、瑞士、中国台湾、英国等也有不错的表现。参与核心论文最多的机构是美国普林斯顿大学和中国科学院。这些机构中，来自美国的有 3 所，中国大陆和中国台湾各有 2 所，新加坡、瑞士和英国各有 1 所。

表 8.2 "外尔半金属特性研究"研究前沿中 38 篇核心论文的 Top 产出国家/地区和机构

排名	国家/地区	核心论文/篇	比例/%	排名	机构	国家/地区	核心论文/篇	比例/%
1	美国	25	65.8	1	普林斯顿大学	美国	15	39.5

续表

排名	国家/地区	核心论文/篇	比例/%	排名	机构	国家/地区	核心论文/篇	比例/%
2	中国大陆	24	63.2	2	中国科学院	中国大陆	12	31.6
3	新加坡	8	21.1	3	美国能源部	美国	10	26.3
4	瑞士	7	18.4	4	新加坡国立大学	新加坡	8	21.1
4	中国台湾	7	18.4	5	北京大学	中国大陆	7	18.4
6	英国	6	15.8	6	台湾清华大学	中国台湾	6	15.8
7	德国	5	13.2	6	台湾"中央研究院"	中国台湾	6	15.8
8	日本	2	5.3	6	东北大学	美国	6	15.8
8	法国	2	5.3	6	苏黎世联邦理工学院	瑞士	6	15.8
10	韩国	1	2.6	10	牛津大学	英国	5	13.2
10	荷兰	1	2.6					
10	俄罗斯	1	2.6					

分析热点前沿施引论文的国家/地区和机构（表8.3），可以发现，美国和中国大陆的表现远超其他国家/地区，参与的施引论文分别有683篇和672篇，占施引论文总量的38.3%和37.7%。德国、日本、俄罗斯、新加坡等紧随其后。施引论文总量排名Top10的机构中，中国科学院和美国能源部的施引论文最多，分别为228篇和182篇，占施引论文总量的12.8%和10.2%，随后是马普学会、普林斯顿大学、南京大学和北京大学。

表8.3 "外尔半金属特性研究"研究前沿中施引论文的Top产出国家/地区和机构

排名	国家/地区	施引论文/篇	比例/%	排名	机构	国家	施引论文/篇	比例/%
1	美国	683	38.3	1	中国科学院	中国	228	12.8
2	中国大陆	672	37.7	2	美国能源部	美国	182	10.2
3	德国	248	13.9	3	马普学会	德国	127	7.1
4	日本	217	12.2	4	普林斯顿大学	美国	111	6.2
5	俄罗斯	107	6.0	5	南京大学	中国	102	5.7
6	新加坡	106	5.9	6	北京大学	中国	83	4.7
7	加拿大	91	5.1	7	俄罗斯科学院	俄罗斯	69	3.9
8	中国台湾	85	4.8	8	新加坡国立大学	新加坡	67	3.8
9	瑞士	77	4.3	9	清华大学	中国	63	3.5
10	英国	73	4.1	10	东京大学	日本	61	3.4

8.1.3 重点热点前沿——中微子振荡与轻惰性中微子研究

中微子是一种基本粒子，不带电，能够几乎不受干扰地穿过物质。在标准模型中，中微子是没有质量的。而中微子振荡的发现说明中微子有质量，这是目前发现的唯一有坚实实验证据的超出标准模型现象。因此，中微子振荡一直是研究的热点。此外，一些实验观测到与已知中微子振荡模型不符的现象，为研究这些现象，物理学家假设了一类质量较大、不参与除引力以外的任何相互作用的中微子，被称为"惰性中微子"。由于质量高的惰性中微子难以直接探测，因此，寻找轻惰性中微子及相关的研究成为中微子研究的热点。

由于这个热点前沿属于高能物理，超过一半的核心论文来自多国合作、作者众多的合作组，因此，基于合作组实验设施所在的国家，结合其他核心论文通讯作者的国籍，对这个热点前沿的通讯作者国籍进行了分析（表 8.4）。可以发现，通讯作者的国籍是中国的有 9 篇，占核心论文总量的 22.5%；通讯作者国籍是美国的有 7 篇，占核心论文总量的 17.5%。西班牙、意大利、韩国、日本等也有不错表现。从通讯作者所属的机构来看，大亚湾合作组的核心论文最多，瓦伦西亚大学和 T2K 合作组紧随其后。从影响力来看，2012 年大亚湾合作组和 RENO 合作组先后测定混合角 θ_{13} 的两篇论文是该热点前沿被引频次最高的，分别为 1220 次和 1038 次。

表 8.4 "中微子振荡与轻惰性中微子研究"研究前沿中 40 篇核心论文的 Top 产出国家和机构

排名	国家	核心论文/篇	比例/%	排名	机构	国家	核心论文/篇	比例/%
1	中国	9	22.5	1	大亚湾合作组	中国	8	20.0
2	美国	7	17.5	2	瓦伦西亚大学	西班牙	4	10.0
3	西班牙	5	12.5	3	T2K 合作组	日本	3	7.5
4	意大利	4	10.0	4	RENO 合作组	韩国	2	5.0
5	韩国	3	7.5	4	Double Chooz 合作组	法国	2	5.0
5	日本	3	7.5	4	NOvA 合作组	美国	2	5.0
7	英国	2	5.0	4	巴里阿尔多莫罗大学	意大利	2	5.0
7	印度	2	5.0	4	南安普顿大学	英国	2	5.0
7	法国	2	5.0					
7	德国	2	5.0					

注：由于高能物理领域的论文多是多国合作、作者众多，因此核心论文所属国家采用通讯作者国籍统计。机构选用合作组，机构对应的机构标明的是合作组实验设施所在的国家。

分析热点前沿施引论文的国家和机构（表 8.5），可以发现，美国是最活跃的国家，参与的施引论文有 619 篇，占施引论文总量的 26.1%。德国、中国和意大利紧随其后。施引论文总量排名 Top10 的机构中，西班牙科学研究委员会和意大利国家核物理研究所的施引论文最多，均为 261 篇，占施引论文总量的 11.0%，随后是美国能源部、中国科学院和西班牙瓦伦西亚大学。

表 8.5 "中微子振荡与轻惰性中微子研究"研究前沿中施引论文的 Top 产出国家和机构

排名	国家	施引论文/篇	比例/%	排名	机构	国家	施引论文/篇	比例/%
1	美国	619	26.1	1	西班牙科学研究委员会	西班牙	261	11.0
2	德国	408	17.2	1	意大利国家核物理研究所	意大利	261	11.0
3	中国	356	15.0	3	美国能源部	美国	217	9.1
4	意大利	346	14.6	4	中国科学院	中国	200	8.4
5	印度	332	14.0	5	瓦伦西亚大学	西班牙	193	8.1
6	日本	326	13.7	6	法国国家科学研究中心	法国	172	7.2
7	西班牙	292	12.3	6	马普学会	德国	172	7.2
8	英国	268	11.3	8	东京大学	日本	133	5.6
9	法国	192	8.1	9	芝加哥大学	美国	111	4.7
10	俄罗斯	168	7.1	10	巴黎萨克雷大学	法国	102	4.3

8.2 新兴前沿及重点新兴前沿解读

物理学领域有 1 项研究入选新兴前沿，即"黑洞与计算复杂性"（表 8.6）。

在理论物理领域，黑洞研究推动着引力理论和量子力学的发展，近年来，量子信息理论成为研究量子引力和黑洞物理的一个重要方向。2016 年，美国斯坦福大学的研究人员提出了一个新的猜想：黑洞的增长对应于计算复杂度的增长。这一计算复杂度与引力作用量对偶的思想引发了广泛的关注。这一研究是新兴前沿"黑洞与计算复杂性"的代表性论文。该前沿的 9 篇核心论文，从通讯作者来看，有 4 篇来自斯坦福大学，2 篇来自加拿大 Perimeter 理论物理研究所，美国得克萨斯大学奥斯汀分校、英国达勒姆大学和哈萨克斯坦欧亚国立大学各有 1 篇。

表 8.6 物理学的 1 个新兴前沿

序号	新兴前沿	核心论文/篇	被引频次	核心论文平均出版年
1	黑洞与计算复杂性	9	230	2016.6

第 9 章 天文学与天体物理学

9.1 热点前沿及重点热点前沿解读

9.1.1 天文学与天体物理学 Top10 热点前沿发展态势

天文学与天体物理学领域位居 Top10 的热点前沿一直重点围绕"一黑、两暗、三起源"（即黑洞，暗物质和暗能量，以及宇宙起源和演化、天体起源和演化、地外生命起源）问题展开，研究主题包括引力波和黑洞、双中子星并合、暗物质晕、宇宙学参数、星系形成演化、高能中微子和伽马射线、宇宙早期暗淡星系、重子声学振荡、系外行星等。在 2016 年首次直接探测到引力波、2017 年首次探测到双中子星并合产生的引力波这一重大科学突破背景下，"引力波和黑洞的探测与模拟""双中子星并合过程及喷射物研究"两个研究主题在 2018 年成为热点前沿，与之相关的"双黑洞等双致密天体的形成及并合"研究主题曾为 2017 年的新兴前沿。此外，多项研究主题继续体现出与观测平台高度相关的领域特点，例如"基于'普朗克'（Planck）探测器和'威尔金森微波各向异性探测器'（WMAP）任务观测数据开展宇宙学参数研究"的 2 篇论文以 6585 次的被引频次形成 2018 年的热点前沿之一（表 9.1 和图 9.1）。

表 9.1 天文学与天体物理学领域 Top10 热点前沿

排名	热点前沿	核心论文/篇	被引频次	核心论文平均出版年
1	引力波和黑洞的探测与模拟	40	2767	2015.9
2	利用宇宙流体动力学模拟方法研究星系形成演化	15	2340	2014.9
3	南极"冰立方"（IceCube）中微子天文台和"费米"（Fermi）伽马射线空间望远镜"对高能中微子和伽马射线的观测研究	23	2921	2014.8

续表

排名	热点前沿	核心论文/篇	被引频次	核心论文平均出版年
4	双中子星并合过程及喷射物研究	30	3090	2014.4
5	基于"普朗克"(Planck)卫星、南极望远镜(SPT)和"阿塔卡玛宇宙学望远镜"(ACT)等平台开展宇宙学研究	16	2546	2013.9
6	基于"开普勒(Kepler)空间望远镜"等开展系外行星搜寻及性质研究	31	5343	2013.8
7	利用"哈勃空间望远镜"(HST)开展宇宙早期暗淡星系性质研究	20	3241	2013.6
8	基于"普朗克"(Planck)探测器和"威尔金森微波各向异性探测器"(WMAP)任务观测数据开展宇宙学参数研究	2	6585	2013.5
9	多种暗物质理论模型下的暗物质晕研究	20	3213	2013.5
10	"斯隆数字巡天"(SDSS)计划第3期"重子振荡光谱巡天"(BOSS)项目对中低红移星系的测量结果	11	2243	2013.5

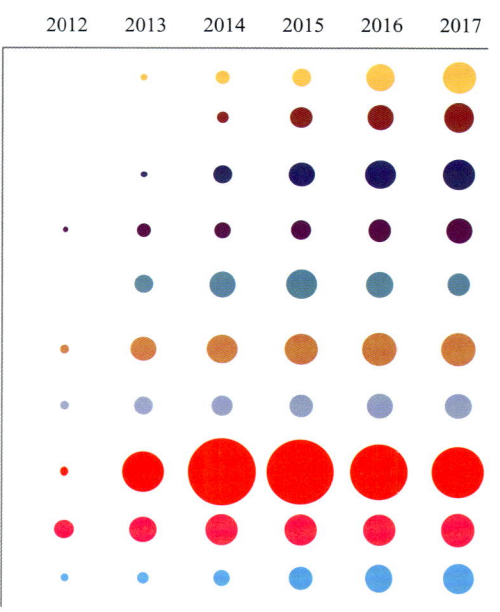

- 引力波和黑洞的探测与模拟
- 利用宇宙流体动力学模拟方法研究星系形成演化
- 南极"冰立方(IceCube)中微子天文台"和"费米(Fermi)伽马射线空间望远镜"对高能中微子和伽马射线的观测研究
- 双中子星并合过程及喷射物研究
- 基于"普朗克"(Planck)卫星、南极望远镜(SPT)和"阿塔卡玛宇宙学望远镜"(ACT)等平台开展宇宙学研究
- 基于"开普勒(Kepler)空间望远镜"等开展系外行星搜寻及性质研究
- 利用"哈勃空间望远镜"(HST)开展宇宙早期暗淡星系性质研究
- 基于"普朗克"(Planck)探测器和"威尔金森微波各向异性探测器"(WMAP)任务观测数据开展宇宙学参数研究
- 多种暗物质理论模型下的暗物质晕研究
- "斯隆数字巡天"(SDSS)计划第3期"重子振荡光谱巡天"(BOSS)项目对中低红移星系的测量结果

图9.1 天文学与天体物理学领域Top10热点前沿的施引论文

9.1.2 重点热点前沿——南极"冰立方(IceCube)中微子天文台"和"费米(Fermi)伽马射线空间望远镜"对高能中微子和伽马射线的观测研究

宇宙线的起源一直是困扰物理学界的重大谜团之一。神秘的高能宇宙线、中微子和伽马射线携带着有关宇宙起源和天体演化的重要信息,被誉为"宇宙信使"。科学家通过研究宇宙线、中微子和伽马射线,了解在动荡的宇宙环境中正在发生什么。中微子可反映宇宙环境中发生的复杂

过程，宇宙线可显示剧烈活动的强度和速度，高能伽马射线可标记宇宙中的中微子和宇宙线的来源。

1987年，研究人员分别利用日本"超级神冈探测器"（Super-Kamiokande）和美国"欧文－密歇根－布鲁克黑文探测器"（IMB）观测到超新星中微子，并因此获得诺贝尔物理学奖。近年来，南极"冰立方（IceCube）中微子天文台"和"费米（Fermi）伽马射线空间望远镜"在宇宙高能中微子和伽马射线的观测研究中一直处于最前沿。科学家通过对比IceCube获得的中微子数据和Fermi获得的伽马射线数据来解释宇宙的奥秘。IceCube位于南极冰原2.4千米深的冰层之下，是全球最大的中微子望远镜，于2010年完成建设，旨在探测穿过地球的中微子。2013年，科学家宣布利用IceCube首次捕捉到太阳系外的高能中微子。2016年，科学家利用IceCube首次探测到起源于银河系之外的高能中微子，并于2017年再次捕捉到一个高能中微子。Fermi是美国国家航空航天局最先进的空间望远镜之一，于2008年成功发射，旨在探寻宇宙中最剧烈的大爆炸所产生的伽马射线。Fermi持续监视着整个天空中的伽马射线，详细记录着大约2000个耀变体的活动。2018年7月，研究人员利用Fermi证实2017年IceCube发现的高能中微子来源于一个遥远星系中的超大质量黑洞，推动"多信使天文学"进入一个全新的时代。

"南极'冰立方（IceCube）中微子天文台'和'费米（Fermi）伽马射线空间望远镜'对高能中微子和伽马射线的观测研究"热点前沿包含23篇核心论文，包括《IceCube首次捕获太阳系外高能中微子的里程碑式发现》（*Evidence for High-Energy Extraterrestrial Neutrinos at the IceCube Detector*）。作为IceCube和Fermi的主导国，美国在相关研究中占据绝对优势，参与了几乎全部核心论文的研究工作。日本、德国紧随其后，在该前沿中表现也很突出。多个欧洲国家参与相关研究，韩国也有不俗表现。核心论文产出11所Top机构中美国占据7席，瑞典斯德哥尔摩大学、德国亥姆霍兹联合会分别参与了16篇、15篇核心论文研究（表9.2）。

表9.2 "南极'冰立方（IceCube）中微子天文台'和'费米（Fermi）伽马射线空间望远镜'对高能中微子和伽马射线的观测研究"研究前沿中23篇核心论文的Top产出国家和机构

排名	国家	核心论文/篇	比例/%	排名	机构	国家	核心论文/篇	比例/%
1	美国	22	95.7	1	美国能源部	美国	17	73.9
2	日本	18	78.3	2	斯德哥尔摩大学	瑞典	16	69.6
3	德国	17	73.9	3	亥姆霍兹联合会	德国	15	65.2
4	瑞典	16	69.6	3	马里兰大学帕克分校	美国	15	65.2
5	英国	14	60.9	5	加利福尼亚大学欧文分校	美国	13	56.5

续表

排名	国家	核心论文/篇	比例/%	排名	机构	国家	核心论文/篇	比例/%
6	意大利	11	47.8	6	威斯康星大学麦迪逊分校	美国	12	52.2
7	比利时	10	43.5	6	俄亥俄州立大学	美国	12	52.2
8	澳大利亚	9	39.1	8	美国国家航空航天局	美国	11	47.8
8	法国	9	39.1	9	布鲁塞尔自由大学	比利时	10	43.5
10	奥地利	8	34.8	9	意大利国家核物理研究院	意大利	10	43.5
10	加拿大	8	34.8	9	宾夕法尼亚州立大学	美国	10	43.5
10	新西兰	8	34.8					
10	瑞士	8	34.8					
10	韩国	8	34.8					
10	西班牙	8	34.8					

在施引论文方面，美国仍处于绝对领先地位，以618篇施引论文遥遥领先排名第二的德国（365篇），意大利、日本、英国、中国、法国等也积极跟进。施引论文总量排名Top10的机构中欧洲机构居多，排名前三的分别是意大利国家核物理研究院、德国马普学会、法国国家科学研究中心，美国国家航空航天局和美国能源部并列第四（表9.3）。

表9.3 "南极'冰立方（IceCube）中微子天文台'和'费米（Fermi）伽马射线空间望远镜'对高能中微子和伽马射线的观测研究"研究前沿中施引论文的Top产出国家和机构

排名	国家	施引论文/篇	比例/%	排名	机构	国家	施引论文/篇	比例/%
1	美国	618	47.8	1	意大利国家核物理研究院	意大利	188	14.5
2	德国	365	28.2	2	马普学会	德国	186	14.4
3	意大利	303	23.4	3	法国国家科学研究中心	法国	177	13.7
4	日本	206	15.9	4	美国国家航空航天局	美国	166	12.8
5	英国	205	15.9	4	美国能源部	美国	166	12.8
6	中国	198	15.3	6	意大利国家天体物理研究所	意大利	156	12.1
7	法国	185	14.3	7	亥姆霍兹联合会	德国	140	10.8
8	西班牙	170	13.1	8	西班牙科学研究委员会	西班牙	122	9.4
9	荷兰	127	9.8	9	马里兰大学帕克分校	美国	120	9.3
10	俄罗斯	126	9.7	10	索邦巴黎西岱联合大学	法国	109	8.4

9.1.3 重点热点前沿——基于"普朗克"(Planck)探测器和"威尔金森微波各向异性探测器"(WMAP)任务观测数据开展宇宙学参数研究

美国国家航空航天局1989年发射升空的"宇宙背景探测者"(COBE)首次证实了宇宙微波背景辐射(CMB)随频率的变化精确地符合温度等于2.73开尔文的黑体辐射谱,表明当今宇宙来源于一个高温、高密度的极早期态。这一成果也使COBE任务的两位首席科学家荣获2006年诺贝尔物理学奖。

在COBE卫星重要观测成果的激励下,美国国家航空航天局于2001年发射"威尔金森微波各向异性探测器"(WMAP),更加精确地测量了CMB在各个方向上的温度升降,对限制宇宙组分起到了关键作用,从而确立了标准宇宙学模型(Λ冷暗物质模型)及其各组分组成,使人类进入了精确宇宙学时代。

"普朗克"探测器是继COBE和WMAP之后于2009年发射升空的第三代CMB观测空间任务,由欧洲空间局(ESA)研发,致力于从微波和红外波段开展CMB温度升降各向异性的高精度观测。基于"普朗克"探测器多批高精度数据的CMB研究持续引领了近几年空间天文领域的研究前沿。

基于WMAP和普朗克任务的两篇重要论文构成了2018年度天文学领域的一个热点研究前沿。其中WMAP任务团队2013年发布的一项研究对WMAP任务为期9年的观测进行了总结,对标准宇宙学模型的6个参数进行了更为严格的约束,将参数空间的允许体积缩小至原来的1/68 000。另一篇2014年发表的核心论文由普朗克任务协作组完成,基于普朗克2013年观测数据计算光子温度和极化场的功率谱,并拟合出一套高精度的宇宙学参数,包括宇宙平坦程度、宇宙年龄、宇宙中普通物质和暗物质、暗能量的比例、宇宙膨胀速率(哈勃常数)等。可以预见,上述重要论文未来还将为空间天文领域带来深远的影响。

从核心论文的产出国家和机构来看,资助实施WMAP和普朗克任务的美国、ESA成员国及合作国表现最为抢眼。美国、英国、加拿大、德国均参与了两篇核心论文的研究工作。美国国家航空航天局、普林斯顿大学、加拿大多伦多大学、不列颠哥伦比亚大学、德国马普学会、英国牛津大学等机构是两篇核心论文的最主要贡献机构。

施引论文方面,美国仍处于统治地位,占施引论文总量的30.5%。英国、德国、意大利、法国、中国的施引论文排名位列第2~6位(表9.4)。法国研究机构在施引论文方面表现突出,法国国家科学研究中心和索邦大学分列Top10引文产出机构的第1和第10位。意大利(意大利国家核物理研究院、意大利国家天体物理研究所)和美国(美国能源部、加利福尼亚大学伯克利分校)分别有两所研究机构位列Top10。中国科学院贡献施引论文364篇,排名第6位。

可以发现，作为最重要的两个 CMB 空间观测平台的资助国（组织），美国以及 ESA 主要参与国引领了该热点前沿的研究。中国由于没有自己的空间观测平台，因此更多的是利用国外的数据进行跟踪研究。

表 9.4 "基于'普朗克'（Planck）探测器和'威尔金森微波各向异性探测器'（WMAP）任务观测数据开展宇宙学参数研究"研究前沿中施引论文的 Top 产出国家和机构

排名	国家	施引论文/篇	比例/%	排名	机构	国家	施引论文/篇	比例/%
1	美国	2008	30.5	1	法国国家科学研究中心	法国	611	10.7
2	英国	1230	18.7	2	马普学会	德国	500	8.8
3	德国	1002	15.2	3	意大利国家核物理研究院	意大利	497	8.7
4	意大利	825	12.5	4	美国能源部	美国	444	7.8
5	法国	724	11.0	5	西班牙科学研究委员会	西班牙	389	6.8
6	中国	656	10.0	6	中国科学院	中国	364	6.4
7	日本	630	9.6	7	意大利国家天体物理研究所	意大利	361	6.3
8	西班牙	610	9.3	8	东京大学	日本	334	5.9
9	印度	499	7.6	9	加利福尼亚大学伯克利分校	美国	319	5.6
10	加拿大	478	7.3	10	索邦大学	法国	310	5.4

9.2 新兴前沿及重点新兴前沿解读

9.2.1 新兴前沿概述

天文学与天体物理学领域有 2 项研究入选新兴前沿，分别是"基于多种观测数据优化暗能量模型"和"利用地基和天基引力波观测平台研究宇宙一阶相变与引力波之间的关系"，下面对第 1 个新兴前沿进行重点解读（表 9.5）。

表 9.5 天文学与天体物理学领域的 2 个新兴前沿

序号	新兴前沿	核心论文/篇	被引频次	核心论文平均出版年
1	基于多种观测数据优化暗能量模型	6	123	2016.7
2	利用地基和天基引力波观测平台研究宇宙一阶相变与引力波之间的关系	6	122	2016.7

9.2.2 重点新兴前沿——基于多种观测数据优化暗能量模型

人们对暗能量的理解，未知仍远多于已知。暗能量被认为是一种充斥着宇宙空间、加速宇宙膨胀的未知形式的能量，是目前最为公认的解释自 20 世纪 90 年代以来观测到的宇宙加速膨胀现象的假说。1998 年，国际上两个独立小组通过研究

Ia 型超新星的观测数据发现了宇宙加速膨胀的事实，这一结果利用现有理论根本无法解释，因而从根本上颠覆了人们对宇宙的认知。此后，人们通过对宇宙微波背景辐射、重子声学振荡、大尺度结构等的观测进一步证实宇宙确实是在加速膨胀。2013 年，"普朗克"探测器通过测绘宇宙微波背景辐射，更新了哈勃常数值，并计算出暗能量约占宇宙的 68.3%。理论学家提出暗能量的几种可能解释：暗能量可能是爱因斯坦引力理论中一度被废弃的宇宙学常数的结果，可能是某种奇异的动力学能量流或能量场，也可能是爱因斯坦的引力理论不正确，需要提出一种新的引力理论来解释暗能量。而宇宙加速膨胀的本源以及暗能量的本质究竟是什么，仍有赖于未来的观测去确定。

该新兴前沿汇集了 6 篇探讨暗能量理论模型的论文，研究内容包括：利用动力学暗能量方法解决直接测量和间接限制哈勃常数之间的张力；利用宇宙学背景演化检验耦合暗能量模型；通过 Ia 超新星、重子声学振荡、大尺度结构等观测数据拟合，以运行真空模型挑战传统的 Λ 冷暗物质模型；利用红移在 0.07～2.36 的 38 个哈勃参数测量值对暗能量宇宙学模型进行参数限制；暗物质和暗能量相互作用的理论挑战、宇宙学意义和观测特征；利用哈勃参数测量的观测数据等约束暗能量与暗物质直接相互作用的宇宙学图景。

第10章 数学、计算机科学与工程学

10.1 热点前沿及重点热点前沿解读

10.1.1 数学、计算机科学与工程学Top10热点前沿发展态势

数学、计算机科学与工程学领域位居Top10的热点前沿主要集中于基于二阶梯度弹性理论、非线性发展方程求解、远程用户认证、D数理论的决策方法、决策粗糙集模型、混沌图像加密算法、自适应控制系统、时滞系统稳定性、面向5G的非正交多址接入、无线传感器网络等领域。与2013～2017年相比,2018年Top10热点前沿既有延续又有发展。应变梯度理论研究连续多年入选本领域的热点前沿或新兴前沿。非线性发展方程求解及其应用问题也始终是历年研究前沿中的重要研究主题。在计算机科学和工程学领域,远程用户认证相关研究再次入选热点前沿,其余的热点前沿则均为首次入选的热点前沿(表10.1和图10.1)。

表10.1 数学、计算机科学与工程学领域Top10热点前沿

排名	热点前沿	核心论文/篇	被引频次	核心论文平均出版年
1	自适应控制系统研究	39	1679	2016.2
2	无线传感器网络的数据采集、传输与安全和隐私保护	31	827	2016.1
3	基于D数理论的决策方法研究	43	1353	2016
4	面向5G的非正交多址接入	22	826	2016
5	二阶梯度弹性理论及其应用	47	1576	2015.6
6	几类典型非线性发展偏微分方程的求解及其在流体力学、电磁学等领域的应用	28	817	2015.6

续表

排名	热点前沿	核心论文/篇	被引频次	核心论文平均出版年
7	基于智能卡、生物特征等的远程用户认证方案及相关技术	46	4211	2015.3
8	多粒度决策粗糙集模型研究	47	1816	2015.3
9	时滞系统稳定性分析方法研究	17	1176	2015.1
10	混沌图像加密算法研究	25	1114	2015

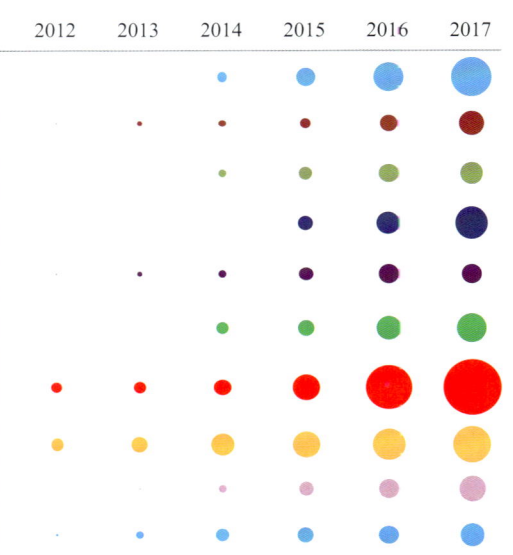

图 10.1　数学、计算机科学与工程学领域 Top10 热点前沿的施引论文

10.1.2　重点热点前沿——面向 5G 的非正交多址接入

随着移动互联网、社交网络和物联网的蓬勃发展，爆发式增长的数据流量给有限的频谱资源带来了极大的挑战，人们对未来移动网络提出了更高的需求。作为下一代移动通信技术，第五代移动通信（5G）急需解决海量终端同时可靠接入的问题。

在实现良好系统吞吐量的同时，为了保持接收的低成本，第四代移动通信（4G）中采用了正交多址接入（OMA）技术，其数据业务传输速率达到每秒百兆甚至千兆比特，能够在较大程度上满足今后一段时期内宽带移动通信应用需求。然而，面向 5G 频谱效率提升 5～15 倍的需求，业内提出采用新型多址接入复用方式，即非正交多址接入（NOMA）。正交多址接入技术只能为一个用户分配单一的无线资源，例如按频率分割或按时间分割，而非正交多址接入技术可将一个资源分配给多个用户。在某些场景中，比如远近效应场景和广覆盖多节点接入的场景，特别是上行密集场景，采用功率复用的非正交接入多址方式较传统的正交接入有明显的性能优势，更适合未来系统的部署。

该研究前沿的 22 篇核心论文中，被引频次最高的文章研究了非正交多址接入技术在随机部署用户的 5G 系统中的性能表现。分析结果表明，非正交多址接入技术在遍历总和方面可以取得优异的性能，其中断性能主要取决于用户的目标数据速率和分配功率的选择。第 2 高被引文章为一篇综述论文，概括了近年来非正交多址接入技术在理论研究和实现技术等方面取得的一些阶段性成果，如稀疏扩频码分多址（LDS-CDMA）、稀疏编码多址（SCMA）、多用户共享接入（MUSA）和图样分割多址接入（PDMA）等，以及该技术面临的挑战、机遇和未来研究趋势。其余核心论文的研究内容还包括：采用非正交多址接入技术的 5G 系统的遍历容量、波束形成、功率分配策略和用户公平性等。

从该研究前沿的核心论文产出国家和机构来看（表 10.2），共有 10 个国家参与发表核心论文，其中，英、中、美三国参与发表的核心论文较多。从机构来看，英国的兰卡斯特大学参与发表 10 篇核心论文，并且在排名第 2 的普林斯顿大学参与发表的 8 篇核心论文中，有 7 篇是与兰卡斯特大学合作发表的。

表 10.2 "面向 5G 的非正交多址接入"研究前沿中 22 篇核心论文的 Top 产出国家和机构

排名	国家	核心论文/篇	比例/%	排名	机构	国家	核心论文/篇	比例/%
1	英国	11	50.0	1	兰开斯特大学	英国	10	45.5
1	中国	11	50.0	2	普林斯顿大学	美国	8	36.4
3	美国	8	36.4	3	西南交通大学	中国	4	18.2
4	韩国	5	22.7	4	北京邮电大学	中国	3	13.6
5	加拿大	2	9.1	5	中国移动通信研究院	中国	2	9.1
6	瑞典	1	4.5	5	清华大学	中国	2	9.1
6	塞浦路斯	1	4.5	5	光州科学技术院	韩国	2	9.1
6	希腊	1	4.5	5	伦敦大学玛丽女王学院	英国	2	9.1
6	日本	1	4.5					
6	澳大利亚	1	4.5					

从该研究前沿的施引论文情况来看（表 10.3），中国在该领域的参与程度较高，其次为英国。在施引论文 Top10 机构中，英国的兰开斯特大学仍旧保持第 1 位。中国有 6 家机构入选，中国科学院参与发表 33 篇施引论文，在中国机构中排名第 1；而西南交通大学和北京邮电大学在核心论文和施引论文 Top 机构中均有所体现。

表 10.3 "面向 5G 的非正交多址接入"研究前沿中施引论文的 Top 产出国家和机构

排名	国家	施引论文/篇	比例/%	排名	机构	国家	施引论文/篇	比例/%
1	中国	181	58.4	1	兰开斯特大学	英国	51	16.5
2	英国	90	29.0	2	中国科学院	中国	33	10.6
3	美国	54	17.4	3	西安电子科技大学	中国	24	7.7
4	韩国	48	15.5	4	普林斯顿大学	美国	21	6.8
5	加拿大	27	8.7	5	北京邮电大学	中国	19	6.1
6	澳大利亚	24	7.7	5	西南交通大学	中国	19	6.1
7	希腊	21	6.8	7	东南大学	中国	17	5.5
8	日本	17	5.5	7	清华大学	中国	17	5.5
9	瑞典	11	3.5	9	亚里士多德大学	希腊	16	5.2
10	德国	9	2.9	10	伦敦大学玛丽女王学院	英国	14	1.7

10.1.3 重点热点前沿——几类典型非线性发展偏微分方程的求解及其在流体力学、电磁学等领域的应用

作为 20 世纪的三次科学革命之一，非线性科学可以用于研究揭示自然科学、工程技术以及社会科学领域的众多非线性现象。非线性发展方程是一类用于描述随时间而演变的状态和过程的非线性偏微分方程（组）。对非线性问题研究和解决大都可以归结为求解非线性发展偏微分方程（组）的问题。这些非线性方程（组）的解能有效解释或预测实际问题中状态与量的变化，深刻揭示非线性问题的本质规律，因此求解非线性发展偏微分方程一直是相关领域研究人员致力于研究的极为重要的问题。

近年来，随着符号计算的蓬勃发展，非线性发展偏微分方程的研究成果不断涌现，尤其是新的求解方法层出不穷。随着 Darboux 变换法、Backlund 变换法、Hirota 双线性算子方法、Painleve 分析方法、Lax 对非线性方法等一系列构造有理解、精确解、孤子解方法的陆续提出，不但过去难以求解的非线性发展方程得以成功求解，在应用领域方面，非线性发展方程的求解研究也不再局限于流体领域，其在非线性光学、凝聚态物理、等离子体等领域的应用不断扩展。

对非线性发展的研究持续入选研究前沿。对非线性发展方程的孤子解及其应用的研究构成了 2017 年度数学、计算机科学与工程学领域的一个热点研究前沿。在 2018 年，"几类典型非线性发展偏微分方程的求解及其在流体力学、电磁学等领域的应用"同样是数学、计算机科学与工程学领域的热点前沿之一，该研究前沿中的核心论文聚焦在研究 KdV 方

程（Korteweg-de Vries equation）、Gross-Pitaevskii 方程、Kadomtsev-Petviashvili 方程、非线性薛定谔方程（Schrodinger equation）、布西内斯克方程（Boussinesq equation）、Hirota 双线性方程等一系列非线性发展方程的有理解、精确解和孤子解及其在流体动力学、电磁学等领域中的应用。值得指出的是，与该热点前沿的研究内容紧密相关的"非线性发展方程的孤子解及其在流体力学、光纤通信等领域的应用"研究同样入选了 2018 年度的新兴前沿，关注浅水波方程、KP 方程等非线性发展方程的孤子解及其在流体动力学和光纤通信等中的应用。

在该研究前沿对核心论文有贡献的国家中，中国占据了绝对优势地位，参与贡献了该前沿的全部核心论文（28 篇）。美国、南非、英国也参与了该前沿的研究。在机构层面，除美国、英国、南非各有一个机构入选 Top10 之外，其余 Top 机构均来自中国（表 10.4）。特别值得一提的是，在该热点前沿中，华人科学家的表现特别抢眼，28 篇核心论文的通讯作者均为华人科学家，其中尤以南佛罗里达大学马文秀教授的研究影响最大。其团队不仅在非线性偏微分进展方程研究领域表现出色，产出了该领域近一半的核心论文（13 篇），其中被引频次前 10 的论文中有 7 篇来自其团队，对孤子与可积系统理论的发展做出了重要贡献。中国矿业大学也是该领域表现活跃的机构（9 篇），被引频次排名 Top10 的研究论文中就有 2 篇。

表 10.4 "几类典型非线性发展偏微分方程的求解及其在流体力学、电磁学等领域的应用"研究前沿中 28 篇核心论文的 Top 产出国家和机构

排名	国家	核心论文/篇	比例/%	排名	机构	国家	核心论文/篇	比例/%
1	中国	28	100.0	1	南佛罗里达大学	美国	13	46.4
2	美国	13	46.4	2	北京交通大学	中国	12	42.9
3	南非	8	28.6	3	中国矿业大学	中国	9	32.1
4	英国	5	17.9	4	西北大学	南非	8	28.6
				5	剑桥大学	英国	5	17.9
				6	北京科技大学	中国	3	10.7
				6	北京信息科技大学	中国	3	10.7
				6	上海电力学院	中国	3	10.7
				6	绍兴文理学院	中国	3	10.7
				10	大连理工大学	中国	2	7.1
				10	徐州工程学院	中国	2	7.1
				10	上海理工大学	中国	2	7.1

从施引论文的角度来看（表 10.5），有更多的国家参与进了该前沿的研究。中国不仅是该研究前沿核心论文的主要产出国，同时也是施引论文数量最多的国家，

以232篇论文位列首位,占施引论文总数的80.6%。美国、埃及、南非和沙特阿拉伯分别位列第2～5名。在机构层面,中国研究机构在该前沿跟进研究方面同样表现突出,Top10机构有一半来自中国,其中中国矿业大学的施引论文数量位列首位。

表 10.5 "几类典型非线性发展偏微分方程的求解及其在流体力学、电磁学等领域的应用"研究前沿中施引论文的Top产出国家和机构

排名	国家	施引论文/篇	比例/%	排名	机构	国家	施引论文/篇	比例/%
1	中国	232	80.6	1	中国矿业大学	中国	45	15.6
2	美国	36	12.5	2	南佛罗里达大学	美国	23	8.0
3	埃及	29	10.1	3	西北大学	南非	19	6.6
3	南非	29	10.1	4	剑桥大学	英国	18	6.3
5	沙特阿拉伯	27	9.4	5	泰拜大学	沙特阿拉伯	16	5.6
6	英国	19	6.6	6	武汉东湖学院	中国	16	5.6
7	土耳其	16	5.6	7	本塞夫大学	埃及	15	5.2
8	伊朗	14	4.9	8	北京交通大学	中国	14	4.9
9	巴基斯坦	13	4.5	8	山东科技大学	中国	14	4.9
10	阿尔及利亚	4	1.4	10	北京邮电大学	中国	13	4.5
10	印度	4	1.4					

10.1.4 重点热点前沿——基于智能卡、生物特征等的远程用户认证方案及相关技术

通过智能终端可便捷地获取网络资源与服务,这给人们的学习、工作以及生活带来了极大的便利,但与此同时也对公共网络环境中的安全通信带来了严重的威胁。一旦网络中传输的信息被恶意窃取、篡改,就会造成不可估量的损失。

智能卡是一种内嵌了集成电路芯片(包含微处理器和存储器,具有存储、加密及数据处理功能)的卡片。基于智能卡的身份认证方案在远程服务器端不需要维护口令表或校验表、具有较低的通信量和计算量、用户可以自由选择和更改口令,目前已经被广泛应用于远程用户和服务器之间的认证工作,可以确保通信双方的合法性和正确性。基于生物特征的认证则以人体的生理或行为特征(虹膜、指纹、声纹、笔迹等)为依据,通过图像处理和模式识别技术对用户的真实身份进行识别。由于生物特征具有不可伪造的特性,基于生物特征认证技术从理论上讲比其他传统认证技术更加安全可靠。

2018年度数学、计算机科学与工程学领域重点热点前沿"基于智能卡、生物特征等的远程用户认证方案及相关技术"包含46篇核心论文,其研究内容主要聚

焦在基于生物特征的智能卡认证方法（如基于模糊提取的远程双向生物认证）、基于智能卡的多服务器远程认证以及分布式认证、基于生物特征和智能卡的匿名认证方案等主题上。

中国大陆在该领域的表现最为活跃，贡献了多达38篇核心论文，占全部核心论文的82.6%。印度、美国、韩国等也有不错的表现。核心论文Top10机构中（含并列），中国占据6席且排名靠前，南京信息工程大学表现最为突出，以25篇核心论文数量位列第一。武汉大学、中国科学院、西安电子科技大学发文量均位列Top5机构之列。除此之外，印度有3所机构入选Top10机构，沙特阿拉伯、澳大利亚、韩国各有1所机构入选（表10.6）。

表10.6 "基于智能卡、生物特征等的远程用户认证方案及相关技术"研究前沿中46篇核心论文的Top产出国家/地区和机构

排名	国家/地区	核心论文/篇	比例/%	排名	机构	国家	核心论文/篇	比例/%
1	中国大陆	38	82.6	1	南京信息工程大学	中国	25	54.3
2	印度	11	23.9	2	武汉大学	中国	7	15.2
3	美国	6	13.0	3	中国科学院	中国	6	13.0
3	韩国	6	13.0	4	西安电子科技大学	中国	5	10.9
5	沙特阿拉伯	5	10.9	4	沙特国王大学	沙特阿拉伯	5	10.9
6	澳大利亚	4	8.7	6	北京大学	中国	4	8.7
6	加拿大	4	8.7	6	湖南科技大学	中国	4	8.7
8	中国台湾	3	6.5	6	印度理工学院	印度	4	8.7
9	法国	2	4.3	6	国际信息技术研究所	印度	4	8.7
10	英国	1	2.2	10	拉托贝大学	澳大利亚	3	6.5
10	斯洛文尼亚	1	2.2	10	塔帕大学	印度	3	6.5
10	伊朗	1	2.2	10	庆熙大学	韩国	3	6.5

分析热点前沿施引论文的国家/地区和机构（表10.7），可以发现，中国大陆依然是该热点前沿的最主要参与国家/地区，产出的施引论文（1249篇）占施引论文总量的80.9%。美国、印度紧随其后。中国的7所机构位列施引论文总量排名Top10机构，且包揽了前5席。Top10机构的另外3席分别是沙特阿拉伯的沙特国王大学、印度的国际信息技术研究所及印度理工学院。

表10.7 "基于智能卡、生物特征等的远程用户认证方案及相关技术"研究前沿中施引论文的Top产出国家/地区和机构

排名	国家/地区	施引论文/篇	比例/%	排名	机构	国家	施引论文/篇	比例/%
1	中国大陆	1249	80.9	1	南京信息工程大学	中国	398	25.8
2	美国	225	14.6	2	中国科学院	中国	110	7.1

续表

排名	国家/地区	施引论文/篇	比例/%	排名	机构	国家	施引论文/篇	比例/%
3	印度	167	10.8	3	西安电子科技大学	中国	75	4.9
4	中国台湾	79	5.1	4	北京邮电大学	中国	74	4.8
5	沙特阿拉伯	76	4.9	5	武汉大学	中国	69	4.5
6	韩国	71	4.6	6	沙特国王大学	沙特阿拉伯	61	4.0
7	澳大利亚	59	3.8	7	湖南科技大学	中国	57	3.7
8	英国	53	3.4	8	国际信息技术研究所	印度	53	3.4
9	加拿大	43	2.8	9	南京邮电大学	中国	52	3.4
10	新加坡	32	2.1	10	印度理工学院	印度	50	3.2

10.2 新兴前沿及重点新兴前沿解读

10.2.1 新兴前沿概述

数学、计算机科学与工程学领域有2项研究入选新兴前沿，分别是"非线性发展方程的孤子解及其在流体力学、光纤通信等领域的应用"和"多智能体系统一致性研究"，下面对第2个新兴前沿进行重点解读（表10.8）。

表 10.8 数学、计算机科学与工程学领域的 2 个新兴前沿

序号	新兴前沿	核心论文/篇	被引频次	核心论文平均出版年
1	非线性发展方程的孤子解及其在流体力学、光纤通信等领域的应用	10	250	2016.6
2	多智能体系统一致性研究	8	186	2016.6

10.2.2 重点新兴前沿——多智能体系统一致性研究

受自然界中群集现象（蚁群集聚、鱼群洄游、动物迁徙等）的启发，研究人员提出了多智能体系统的概念。多智能体系统一般指由具备一定通信、传感、计算和执行能力的一组智能体（物理或抽象的实体）按照某种通信方式组成的复杂网络化系统。多智能体系统中，每个智能体只能与其相邻的智能体进行信息交互而不能获得全局的信息，通过相互配合共同完成任务，相比单个智能体更具智能性，对更复杂的问题有更强的解决能力。

多智能体协同控制在众多领域有重要应用，如无人机协同作战、自主水下机器人协同作业等。因此，研究智能体网络协调控制成为多智能体系统研究领域的重要问题之一，已经吸引了各研究领域学者的大量关注，并已经取得了一些重要研究成果。

2018年度新兴前沿"多智能体系统一致性研究"研究了基于非周期采样数据控制的多智能体系统的一致性、多智能体网络一致性鲁棒H_∞控制、不完全信息下的多智能体协作机制、非线性多智能体的一致性等问题。中国研究机构如浙江大学、广东工业大学、华东理工大学等参与贡献了该新兴前沿的全部论文。澳大利亚、加拿大、英国、新加坡等国家的研究机构也积极参与了这一主题的研究。

第11章 经济学、心理学及其他社会科学

11.1 热点前沿及重点热点前沿解读

11.1.1 经济学、心理学及其他社会科学Top10热点前沿发展态势

2018年经济学、心理学及其他社会科学领域位居Top10的热点前沿主要分布在心理学、社会学和经济管理学领域，其中40%的热点前沿集中在心理学领域，包括"睡眠与记忆巩固""精神分裂的干预与训练治疗""社会阶层以及社会问题导致的心理和行为研究""网络游戏成瘾的DSM-5模型"。

医疗政策的评估和研究一直是近几年来社会科学领域普遍关注的研究问题，继"美国平价医疗法案的社会影响"持续成为2015年和2017年的Top10热点前沿，以及"人乳头状瘤病毒（HPV）疫苗接种的社会调查"成为2017年的热点前沿后，2018年，"医生职业倦怠研究"、"医疗保险中医院再入院率降低政策的效果评估"和"医疗资源分配与医疗可持续性"三项与医疗卫生相关的主题跻身Top10热点前沿，进一步说明医疗卫生领域持续得到社会的高度关注。

经济管理领域的研究方法一直是经济学、心理学及其他社会科学领域的热点前沿之一，例如2014年的"多区域投入产出分析工具"、2016年的"数据包络分析方法"以及2017年的"偏最小二乘结构方程模型在商业研究中的应用"；2018年，经济管理领域的研究方法主要集中在决策分析和大数据背景下的研究方法和研究范式的变革，即"群体决策一致性的模糊语言建模"和"大数据背景下的管理学问题研究"（表11.1和图11.1）。

表 11.1 经济学、心理学及其他社会科学领域 Top10 热点前沿

序号	热点前沿	核心文献/篇	被引频次	核心文献平均出版年
1	精神分裂的干预与训练治疗	19	877	2015.5
2	社会阶层以及社会问题导致的心理和行为研究	21	1014	2015.3
3	网络游戏成瘾的 DSM-5 模型	19	929	2015.3
4	医生职业倦怠研究	21	1626	2015.2
5	睡眠与记忆巩固	22	2171	2014.9
6	群体决策一致性的模糊语言建模	22	1198	2014.9
7	大数据背景下的管理学问题研究	10	843	2014.9
8	医疗保险中医院再入院率降低政策的效果评估	24	1264	2014.8
9	医疗资源分配与医疗可持续性	15	1148	2014.8
10	科学研究与教育的性别差异（女性研究）	18	1239	2014.7

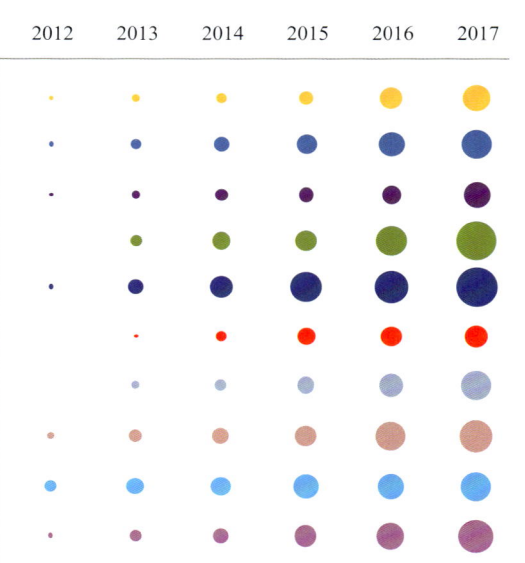

图 11.1 经济学、心理学及其他社会科学领域 Top10 热点前沿的施引论文

11.1.2 重点热点前沿——睡眠与记忆巩固

记忆是心理学和认知科学中重要的研究内容，睡眠对学习和记忆具有重要作用是由来已久的常识，然而人们对于睡觉对记忆巩固的神经机制尚不清楚，科学家近期对此问题有了突破性发现，因此"睡眠与记忆巩固"成为心理学、神经认知科学的研究热点。

近期的研究成果发现并证实睡眠有助

于巩固和加强新的记忆的神经机制。科学家们揭示了睡眠如何有助于神经元形成具体连接树突的分支，以促进长期的记忆；还显示了在相同神经元的不同分支上，不同类型的学习形成突触，表明学习可以导致大脑非常具体的结构变化。同时，研究发现，大脑进入睡眠时，非快速眼动睡眠期和快速眼动睡眠期都会对记忆的巩固有所贡献，且不同的睡眠阶段编码不同种类的信息，其中非快速眼动睡眠会影响树突棘的形成，对程序性记忆的巩固至关重要；而在快速眼动睡眠期时，便会在海马等与记忆有关的脑区产生θ波，证实快速眼动睡眠对情境记忆巩固的重要性。

在该热点前沿的22篇核心论文中，有4篇评论论文，其中发表在2013年《生理学评论》(*Physiological Reviews*)上的一篇评论论文被引频次最高。该篇论文系统回顾了长期以来人们对睡眠和记忆的认识，并指出过去的研究更多地集中在快速眼动睡眠 [rapid-eye-movement（REM）sleep]的功能，而近期的研究揭示慢波睡眠（slow-wave sleep，SWS）对记忆巩固的重要性，并解释了这一过程的电生理学、神经化学以及遗传方面的机制。

22篇核心论文中，除了评论论文，绝大部分论文采用实验的方法来研究睡眠过程中大脑是如何整理或巩固信息的，例如2014年发表在《科学》杂志上的文章利用小鼠做转棒实验验证非快速眼动睡眠对程序性记忆巩固具有重要作用；2016年、2017年发表在《科学》杂志上的文章利用小鼠实验验证快速眼动睡眠过程中海马区与内侧隔核之间的抑制性投射。活体成像技术的发展为研究睡眠与记忆巩固的机制提供了重要基础。

该热点前沿核心论文中有11篇来自美国，占所有论文的50.0%，意大利有6篇核心论文，排名第2。德国、瑞士、英国分别有4篇核心论文，并列第3。中国在此热点前沿贡献2篇论文。从机构层面分析，意大利国家研究委员会的核心论文最多，有5篇，占22.7%。德国的图宾根大学、美国的纽约大学也均贡献了4篇核心论文。伦敦大学学院贡献了3篇（表11.2）。

表11.2 "睡眠与记忆巩固"研究前沿中22篇核心论文的Top产出国家和机构

排名	国家	核心论文/篇	比例/%	排名	机构	国家	核心论文/篇	比例/%
1	美国	11	50.0	1	意大利国家研究委员会	意大利	5	22.7
2	意大利	6	27.3	2	图宾根大学	德国	4	18.2
3	德国	4	18.2	2	纽约大学	美国	4	18.2
3	瑞士	4	18.2	4	伦敦大学学院	英国	3	13.6
3	英国	4	18.2					
6	加拿大	3	13.6					
7	中国	2	9.1					
7	奥地利	2	9.1					

续表

排名	国家	核心论文/篇	比例/%	排名	机构	国家	核心论文/篇	比例/%
7	荷兰	2	9.1					
10	法国	1	4.5					

从施引论文来看，美国以 643 篇施引论文位居首位，占施引论文总数的 44.0%，是位居第 2 位的英国的施引论文的 2 倍多。德国以 243 篇施引论文排名第 3 位，说明"睡眠与记忆巩固"的相关研究是美国、英国和德国的热点研究问题之一。中国有 52 篇施引论文，占施引论文总数的 3.6%，与日本并列第 9 位（表 11.3）。

机构方面，英国的伦敦大学学院的施引论文有 94 篇，是施引论文产出最多的机构，德国图宾根大学、美国纽约大学、瑞士苏黎世大学、美国哈佛大学、法国国家科学研究中心、法国国家健康与医学研究院等机构紧随其后，均贡献了 50 篇及以上的施引论文。

表 11.3 "睡眠与记忆巩固"研究前沿中施引论文的 Top 产出国家和机构

排名	国家	施引论文/篇	比例/%	排名	机构	国家	施引论文/篇	比例/%
1	美国	643	44.0	1	伦敦大学学院	英国	94	6.4
2	英国	268	18.3	2	图宾根大学	德国	73	5.0
3	德国	243	16.6	3	纽约大学	美国	64	4.4
4	瑞士	133	9.1	4	苏黎世大学	瑞士	63	4.3
5	意大利	108	7.4	5	哈佛大学	美国	61	4.2
6	加拿大	99	6.8	6	法国国家科学研究中心	法国	55	3.8
7	法国	91	6.2	7	法国国家健康与医学研究院	法国	50	3.4
8	荷兰	68	4.7	8	意大利国家研究委员会	意大利	43	2.9
9	中国	52	3.6	9	马普学会	德国	39	2.7
9	日本	52	3.6	10	牛津大学	英国	38	2.6

11.1.3 重点热点前沿——大数据背景下的管理学问题研究

大数据（big data），又称巨量资料，指的是传统数据处理应用软件不足以处理它们的大或复杂的数据集的术语，也可以被定义为来自各种来源的大量非结构化或结构化数据。大数据的出现是信息技术发展的必然产物，数据量的指数级增长改变了人们的生活方式、企业的运营模式以及科研范式。从学术角度而言，大数据的出现促成了广泛主题的新颖研究，也推进了各种大数据统计方法的发展，大数据分析在现代研究中越来越突出。

该热点前沿主要讨论大数据给管理学研究带来的变革,以及利用大数据进行商业价值分析。大数据实现了商业数据的预测性分析,比之前基于过去的分析更加强大,使精细化测度和管理成为可能,使企业能做出更好的预测和更智能的决策,并实现针对特定目标的更有效的干预并且比竞争者更加灵活。大数据也使得商业情报与分析(business intelligence and analytics,BI&A)成为管理学科中重要的新兴研究领域。

该研究热点揭示,大数据科学和预测分析经常应用到供应链管理中,并且在研究市场发展趋势以及消费者购买模式中得到广泛应用,例如利用大数据分析挖掘、分析用户的行为习惯和喜好,找出更符合用户的产品和服务,并结合用户需求有针对性地进行调整和优化。同时,该研究热点还包括大数据给组织绩效等带来的影响以及影响大数据决策制定质量的因素分析等。研究方法主要包括预测分析、案例研究和调查研究。

"大数据背景下的管理学问题研究"热点前沿共有10篇核心论文,其中美国贡献8篇论文,占80.0%,是核心论文最多的国家。英国、法国、澳大利亚分别贡献3篇,并列第2位,中国、印度各有2篇核心论文,荷兰和南非各1篇论文。从机构层面分析,澳大利亚的伍伦贡大学贡献3篇论文,占30.0%,是在该热点前沿拥有核心论文最多的机构;其次是法国的图卢兹大学,以及印度的共生国际大学,均贡献2篇核心论文(表11.4)。

表11.4 "大数据背景下的管理学问题研究"研究前沿中10篇核心论文的Top产出国家和机构

排名	国家	核心论文/篇	比例/%	排名	机构	国家	核心论文/篇	比例/%
1	美国	8	80.0	1	伍伦贡大学	澳大利亚	3	30.0
2	英国	3	30.0	2	图卢兹大学	法国	2	20.0
2	法国	3	30.0	2	共生国际大学	印度	2	20.0
2	澳大利亚	3	30.0	5	肯特大学	英国	2	20.0
5	中国	2	20.0	5	普利茅斯大学	英国	2	20.0
5	印度	2	20.0	5	麻省大学达特茅斯分校	美国	2	20.0
7	荷兰	1	10.0					
7	南非	1	10.0					

从施引论文来看,美国以245篇施引论文位居首位,占施引论文总数的39.1%,成为该热点前沿研究中的主要研究国家/地区,是位居第2位的中国大陆的施引论文(131篇)的近2倍。英国位居第3,有110篇施引论文。澳大利亚、法国、德国、韩国等紧随其后(表11.5)。

该热点前沿的施引机构分布较为平均,澳大利亚的伍伦贡大学有15篇施引论文,是施引论文产出最多的机构,法国的图卢兹大学，英国的剑桥大学，以及中国科学院均有 10 篇及以上的施引论文。

表 11.5 "大数据背景下的管理学问题研究"研究前沿中施引论文的 Top 产出国家 / 地区和机构

排名	国家 / 地区	施引论文 / 篇	比例 /%	排名	机构	国家	施引论文 / 篇	比例 /%
1	美国	245	39.1	1	伍伦贡大学	澳大利亚	15	2.4
2	中国大陆	131	20.9	2	图卢兹大学	法国	11	1.8
3	英国	110	17.6	3	剑桥大学	英国	10	1.6
4	澳大利亚	56	8.9	3	中国科学院	中国	10	1.6
5	法国	42	6.7	5	香港城市大学	中国	9	1.4
5	德国	42	6.7	5	佐治亚理工学院	美国	9	1.4
7	韩国	32	5.1	5	诺欧商学院	法国	9	1.4
8	西班牙	23	3.7					
9	中国台湾	22	3.5					
10	加拿大	20	3.2					
10	印度	20	3.2					

11.2 新兴前沿及重点新兴前沿解读

有 1 项研究入选新兴前沿，即"管理学研究的可靠性"（表 11.6）。

11.2.1 新兴前沿概述

经济学、心理学及其他社会科学领域

表 11.6 经济学、心理学及其他社会科学领域的 1 个新兴前沿

序号	新兴前沿	核心文献 / 篇	被引频次	核心文献平均出版年
1	管理学研究的可靠性	8	87	2016.6

11.2.2 重点新兴前沿——"管理学研究的可靠性"

管理学研究的经典范式是根据相关理论和已有研究提出假设，通过收集数据、构建模型、统计分析等验证假设，其基本逻辑是通过理论分析和统计抽样揭示并验证一个普遍性规律和认知。然而，近些年，管理学研究中开始出现了一些"玩模型"、"玩数据"以及"玩假设"等学术不端行为，例如并非从理论提出假设，而是先通过数据分析获得显著性假设后，再倒推假设，去掉不显著的研究假设，只报告显著的结果，这一过程使得模型出现残缺性，从而影响了整个研究的可靠性。

这些学术不端行为被称为学术界

的"灰色地带",虽然这些行为不像造假、伪造和剽窃(fabrication, falsification and plagiarism, FFP)等行为那样不可容忍,但同样会导致学术丑闻和期刊撤稿。这些行为被称为"有质疑的研究实践"(questionable research practices, QRPs),关系到管理学等学科研究的可靠性以及研究和出版质量。有学者分析导致 QRPs 出现的原因可能有主观和客观两个方面,主观方面可能是为了达到一定的出版目的或需求从而想要研究结果更加显著;客观方面则可能是因为研究者未受过严格的研究训练。

因此,"管理学研究的可靠性"这一问题近期成为管理学研究中的重点话题,该重点新兴前沿包括 8 篇核心论文,作者通过对实证研究或者撤稿论文进行再分析,对博士论文和期刊论文进行对比分析,以及半结构性访谈等多种方法揭示了可能存在的学术不端行为,并为作者、审稿专家以及期刊编辑提出建议,共同改进和维护管理学研究的可靠性和研究质量。

第 12 章 2018 研究前沿热度指数

科学技术是世界性的、时代性的，发展科学技术必须具有全球视野。当前，科技创新的重大突破和加快应用极有可能重塑全球经济结构，使产业和经济竞争的赛场发生转换。《2018 研究前沿》报告遴选出 10 个领域的 100 个热点前沿和 38 个新兴前沿，并对重要的前沿进行了解读分析。在《2018 研究前沿》报告的基础上，《2018 研究前沿热度指数》报告用研究前沿热度指数来揭示世界主要国家在 10 个领域的 100 个热点前沿和 38 个新兴前沿的研究活跃程度，观察世界主要国家在这些研究前沿中的位势和激烈较力的创新格局。

12.1 研究前沿热度指数指标体系

研究前沿热度指数是衡量研究前沿活跃程度的综合评估指标。由于研究前沿本身是由一簇共被引的核心论文和后续引用核心论文的施引论文共同组成的，因此，在研究前沿热度指数的设计中，同时从核心论文和施引论文的数量和被引频次的份额角度，设计贡献度和影响度两个指标，二者加和构成研究前沿热度指数，逻辑模型如图 12.1 所示。

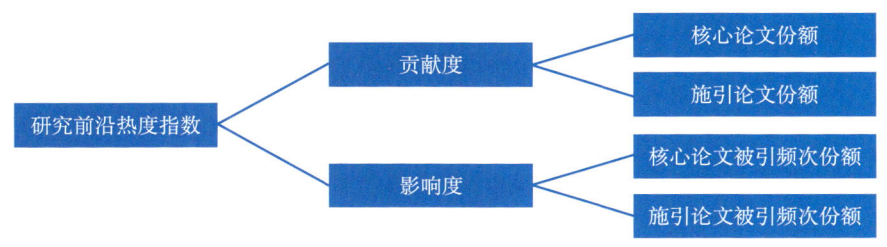

图 12.1 研究前沿热度指数逻辑模型

（1）研究前沿热度指数可以针对特定研究前沿、特定学科或主题领域研究前沿群组和年度10个学科领域研究前沿整体，测度相关国家、机构、实验室、团队以及科学家个人等的表现。本书从10个学科领域整体、学科领域和特定研究前沿度量了国家研究前沿热度指数，揭示了各国在《2018研究前沿》报告的138个研究前沿的三个层面的科技创新活跃程度。国家研究前沿热度指数的计算方法如下：

① 国家研究前沿热度指数

国家研究前沿热度指数 = 国家贡献度 + 国家影响度

② 国家贡献度和国家影响度

国家贡献度是一个国家对研究前沿贡献的论文数量的相对份额，包括国家参与发表的核心论文占前沿中所有核心论文的份额，以及施引论文占前沿中所有施引论文的份额，具体计算方法如下：

国家贡献度 = 国家核心论文份额 + 国家施引论文份额

国家影响度是一个国家对研究前沿贡献的论文被引频次的相对份额，包括国家参与发表的核心论文的被引频次占前沿中所有核心论文的被引频次的份额，以及施引论文的被引频次占前沿中所有施引论文被引频次的份额，具体计算方法如下：

国家影响度 = 国家核心论文被引频次份额 + 国家施引论文被引频次份额

③ 国家核心论文份额、国家施引论文份额、国家核心论文被引频次份额和国家施引论文被引频次份额，具体计算方法如下：

国家核心论文份额 = 国家核心论文数 / 前沿核心论文总数

国家施引论文份额 = 国家施引论文数 / 前沿施引论文总数

国家核心论文被引频次份额 = 国家核心论文被引频次 / 前沿核心论文被引频次

国家施引论文被引频次份额 = 国家施引论文被引频次 / 前沿施引论文被引频次

（2）国家研究前沿热度指数测度分析依次从研究前沿、领域到10个学科领域整体进行，计算分析方法如下：

① 研究前沿热度测度分析：对于一个研究前沿，根据国家研究前沿热度指数和指标计算方法，分别计算出所有参与国家的研究前沿热度指数，并进行排名和对比分析。

② 领域研究前沿热度测度分析：对于一个学科或主题领域，分别对所有参与国家在领域内所有研究前沿的国家研究前沿热度指数得分进行加和，得到各国在某领域的国家研究前沿热度指数，并进行排名和对比分析。

③ 10个学科领域研究前沿整体热度指数测度分析：对于由10个领域的138个研究前沿构成的整体，分别对所有参与国家在各个领域的国家研究前沿热度指数得分进行加和，得到各国在10个学科领域整体的国家研究前沿热度指数，并进行排名和对比分析。

以上测度分析意在揭示主要国家在年度研究前沿整体的活跃格局，分析各国在某领域研究前沿和具体某个研究前沿的创新活跃程度，揭示各国研究活力来源。

12.2 10个学科领域整体国家研究前沿热度指数排名

从10个学科领域整体测度分析主要国家研究前沿热度指数得分和排名,观察发现如下态势特征。

12.2.1 美国整体仍最活跃,中国得分与2017年持平

在10个学科领域整体层面,美国最为活跃,研究前沿热度指数得分为227.39分,位居全球首位。中国以118.38分位居第2。英国和德国的研究前沿热度指数得分分别为78.62分和75.12分,虽排名第3和第4,但较2017年也有明显回落,两国得分接近,在同一个活跃梯级。

法国、意大利、加拿大、西班牙、澳大利亚、荷兰、瑞士和日本这8个国家的国家研究前沿热度指数为27.86~51.20分,排名第5~12位。排名第12位的日本研究前沿热度指数为27.86分,而排名第13位的瑞典得分19.11分,二者之间形成台阶。排名第13~20位的国家得分比较接近,为12.26~19.11分(图12.2)。

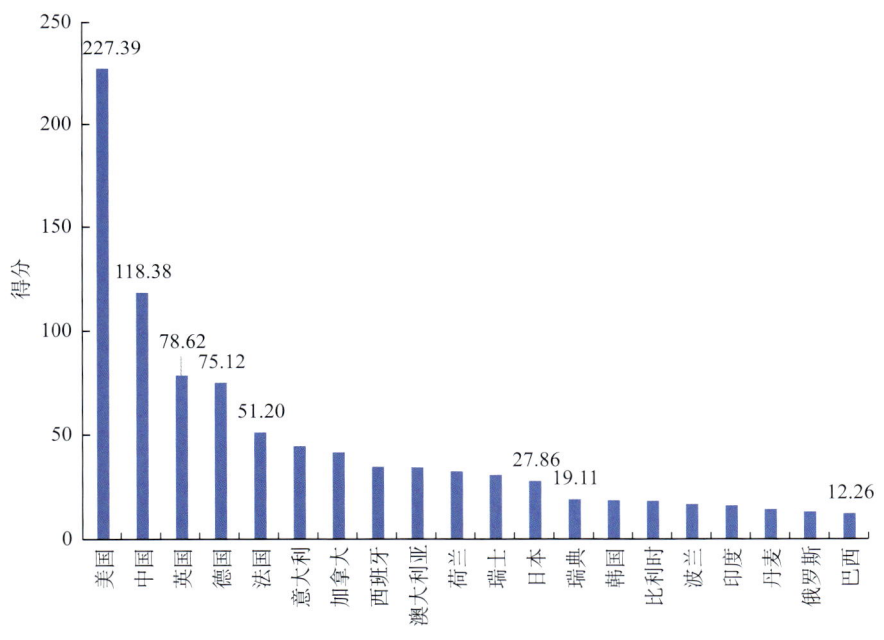

图12.2 10个学科领域综合层面的Top20国家研究前沿热度指数

国家研究前沿热度指数由国家贡献度和国家影响度组成,从表12.1可以看出三个指标前7名的国家三个指标的排序完全一致。第8~20名的国家三个指标排名也基本重合(表12.1)。

表 12.1 10 个学科领域综合层面的 Top20 国家研究前沿热度指数得分及排名

国家	国家研究前沿热度指数		国家贡献度		国家影响度	
	得分	排名	得分	排名	得分	排名
美国	227.39	1	119.88	1	107.51	1
中国	118.38	2	69.36	2	49.02	2
英国	78.62	3	41.01	3	37.61	3
德国	75.12	4	38.49	4	36.63	4
法国	51.20	5	25.74	5	25.46	5
意大利	44.58	6	23.40	6	21.18	6
加拿大	41.65	7	21.64	7	20.01	7
西班牙	34.64	8	17.16	9	17.48	8
澳大利亚	34.33	9	18.12	8	16.21	10
荷兰	32.40	10	15.64	10	16.77	9
瑞士	30.74	11	14.94	12	15.80	11
日本	27.86	12	15.09	11	12.77	12
瑞典	19.11	13	9.53	14	9.57	14
韩国	18.66	14	9.74	13	8.92	15
比利时	18.32	15	8.56	16	9.77	13
波兰	16.76	16	8.30	17	8.47	16
印度	16.08	17	9.20	15	6.88	19
丹麦	14.34	18	6.54	18	7.80	17
俄罗斯	13.07	19	6.17	20	6.90	18
巴西	12.26	20	6.39	19	5.87	20

12.2.2 美国各领域活跃度均领先，中国多领域活跃度隆起但仍有洼地

10 个学科领域比较来看，美国除了化学与材料科学领域和数学、计算机科学与工程学领域，其他八个领域的研究前沿热度指数均排名第 1。中国则在化学与材料科学领域和数学、计算机科学与工程学领域两个领域排名第 1；在农业、植物学和动物学领域，生态与环境科学领域，地球科学领域，物理学领域排名第 2～3 位；在生物科学领域和经济学、心理学及其他社会科学领域排名第 4 位；但在临床医学领域和天文学与天体物理学领域排名第 13 位和第 19 位（表 12.2）。

第12章 2018研究前沿热度指数

表12.2 10个学科领域综合及分领域层面的Top20国家研究前沿热度指数得分及排名

国家	10个学科领域 得分	10个学科领域 排名	农业、植物学和动物学 得分	农业、植物学和动物学 排名	生态与环境科学 得分	生态与环境科学 排名	地球科学 得分	地球科学 排名	临床医学 得分	临床医学 排名	生物科学 得分	生物科学 排名	化学与材料科学 得分	化学与材料科学 排名	物理学 得分	物理学 排名	天文学与天体物理学 得分	天文学与天体物理学 排名	数学、计算机科学与工程学 得分	数学、计算机科学与工程学 排名	经济学、心理学及其他社会科学 得分	经济学、心理学及其他社会科学 排名
美国	227.39	1	15.33	1	14.07	1	21.49	1	41.44	1	38.73	1	22.37	2	17.55	1	26.54	1	5.15	2	24.73	1
中国	118.38	2	8.07	2	11.82	2	9.93	2	5.58	13	9.08	4	28.66	1	6.12	3	4.22	19	31.52	1	3.40	4
英国	78.62	3	4.10	5	4.24	4	6.41	4	14.60	3	10.58	2	4.37	4	5.71	4	17.86	2	3.17	3	7.59	2
德国	75.12	4	6.39	3	3.84	5	4.35	6	17.96	2	10.31	3	5.94	3	8.05	2	15.48	3	0.48	16	2.33	9
法国	51.20	5	4.42	4	4.53	3	7.43	3	10.16	4	5.02	6	2.44	7	3.49	9	10.43	4	2.01	8	1.26	12
意大利	44.58	6	3.59	7	3.05	8	0.62	26	9.85	5	8.17	5	1.20	14	4.29	5	9.18	7	2.83	5	1.80	10
加拿大	41.65	7	2.23	11	2.33	12	4.45	5	7.90	6	4.56	8	2.03	9	3.72	8	9.40	6	2.49	6	2.54	7
西班牙	34.64	8	3.81	6	2.34	11	1.08	16	7.67	8	2.36	14	1.14	15	3.47	10	10.01	5	0.20	24	2.57	6
澳大利亚	34.33	9	1.89	14	3.83	6	3.33	7	7.71	7	2.72	12	1.64	12	1.18	20	4.64	16	3.12	4	4.28	3
荷兰	32.40	10	2.89	8	3.38	7	1.08	17	6.60	9	4.48	9	0.89	17	2.51	12	8.15	8	0.03	48	2.41	8
瑞士	30.74	11	2.56	9	2.38	10	1.51	13	6.18	10	4.67	7	1.11	16	3.85	7	6.92	10	0.04	44	1.51	11
日本	27.86	12	2.26	10	0.64	26	2.04	9	5.83	11	2.45	13	2.22	8	2.56	11	7.64	9	1.70	9	0.51	17
瑞典	19.11	13	1.51	15	2.51	9	1.66	12	3.55	15	3.20	10	1.82	10	0.98	22	3.04	25	0.14	28	0.69	15
韩国	18.66	14	1.40	16	0.78	23	0.90	21	3.17	18	0.86	23	3.69	5	2.44	13	2.71	26	2.38	7	0.32	23
比利时	18.32	15	2.07	13	1.17	18	1.92	10	3.44	16	3.17	11	0.31	27	0.54	30	3.06	23	0.04	41	2.60	5
波兰	16.76	16	0.84	21	1.25	20	0.39	30	5.58	12	0.74	25	0.50	22	1.63	15	4.92	13	0.64	15	0.26	29
印度	16.08	17	0.88	20	1.08	17	1.05	18	1.43	26	0.94	21	1.70	11	2.24	14	5.36	12	1.07	11	0.33	22
丹麦	14.34	18	0.32	33	1.31	17	0.84	22	4.46	14	0.61	29	0.10	37	0.32	34	6.03	11	0.01	64	0.36	20
俄罗斯	13.07	19	0.33	31	0.38	30	1.47	14	1.54	25	0.27	35	0.59	21	3.93	6	4.40	17	0.15	27	0.01	53
巴西	12.26	20	1.31	17	0.71	25	0.75	24	3.24	17	1.21	19	0.16	31	1.40	17	2.54	27	0.07	35	0.86	14

在10个学科领域的100个热点前沿和38个新兴前沿中，美国研究前沿热度指数排名第1的前沿数有82个，占全部前沿的59.42%，中国排名第一的前沿数为32个，约占23.19%。英国和德国仅有4个和6个前沿排名第1（表12.3）。

10个学科领域中，中国在数学、计算机科学与工程学领域和化学与材料科学领域排名第1前沿数大于等于50%，其中数学、计算机科学与工程学领域甚至达到91.67%，表现最为活跃。生态和环境科学领域中国有4个前沿排名第1；农业、植物学和动物学领域，地球科学领域中国分别有2个前沿排名第1；临床医学领域，生物科学领域，物理学领域，经济学、心理学及其他社会科学领域中国分别有1个前沿排名第1；天文学与天体物理学领域中国还没有排名第1的研究前沿。

美国在数学、计算机科学与工程学领域没有前沿排名第1，在化学与材料科学领域也只有33.33%的前沿排名第1。这两个领域是中国高度活跃的优势领域。美国在临床医学领域，生物科学领域，物理学领域，天文学与天体物理学领域，经济学、心理学及其他社会科学领域排名第1的研究前沿均在70%以上；农业、植物学和动物学领域、生态和环境科学领域以及地球科学领域美国的排名第1的前沿数量也达到接近一半或一半以上，是所有国家中表现最好的。

表 12.3 10个学科领域综合层面的 Top5 国家在138个研究前沿中国家研究前沿热度指数得分排名第1的研究前沿数量和比例

领域	研究前沿数/个	排名第1前沿数/个					比例/%				
		美国	中国	英国	德国	意大利	美国	中国	英国	德国	意大利
10个学科领域综合	138	82	32	4	6	4	59.42	23.19	2.90	4.35	2.90
农业、植物学和动物学	11	6	2	1	1	0	54.55	18.18	9.09	9.09	0.00
生态和环境科学	11	5	4	0	0	0	45.45	36.36	0.00	0.00	0.00
地球科学	11	7	2	0	0	0	63.64	18.18	0.00	0.00	0.00
临床医学	21	17	1	0	2	0	80.95	4.76	0.00	9.52	0.00
生物科学	20	15	1	0	1	3	75.00	5.00	0.00	5.00	15.00
化学与材料科学	18	6	9	0	1	0	33.33	50.00	0.00	5.56	0.00
物理学	11	9	1	1	0	0	81.82	9.09	9.09	0.00	0.00
天文学与天体物理学	12	9	0	1	1	0	75.00	0.00	8.33	8.33	0.00
数学、计算机科学与工程学	12	0	11	0	0	1	0.00	91.67	0.00	0.00	8.33
经济学、心理学及其他社会科学	11	8	1	1	0	0	72.73	9.09	9.09	0.00	0.00

从排名前 3 的前沿数来看，美国有 118 个前沿（85.51%）排名前 3。中国、英国和德国在这个方面比较接近，分别有 54 个、44 个和 40 个前沿排名前 3（占本国研究前沿总数的接近 1/3 或 1/3 以上）（表 12.4）。

表 12.4 10 个领域综合层面的 Top6 国家在 138 个研究前沿中国家研究前沿热度指数排名前 3 的研究前沿数量和比例

领域	研究前沿数/个	排名前 3 前沿数/个						比例/%					
		美国	中国	英国	德国	意大利	法国	美国	中国	英国	德国	意大利	法国
10 个学科领域综合	138	118	54	46	40	13	22	85.51	39.13	33.33	28.99	9.42	15.94
农业、植物学和动物学	11	9	5	1	4	3	3	81.82	45.45	9.09	36.36	27.27	27.27
生态和环境科学	11	10	5	2	1	1	4	90.91	45.45	18.18	9.09	9.09	36.36
地球科学	11	10	5	3	1	0	5	90.91	45.45	27.27	9.09	0.00	45.45
临床医学	21	20	1	7	9	3	3	95.24	4.76	33.33	42.86	14.29	14.29
生物科学	20	18	7	7	6	4	1	90.00	35.00	35.00	30.00	20.00	5.00
化学与材料科学	18	15	16	3	4	0	2	83.33	88.89	16.67	22.22	0.00	11.11
物理学	11	11	2	3	6	0	1	100.00	18.18	27.27	54.55	0.00	9.09
天文学与天体物理学	12	11	0	7	7	0	1	91.67	0.00	58.33	58.33	0.00	8.33
数学、计算机科学与工程学	12	5	11	3	1	1	2	41.67	91.67	25.00	8.33	8.33	16.67
经济学、心理学及其他社会科学	11	9	2	10	1	1	0	81.82	18.18	90.91	9.09	9.09	0.00

分领域来看，美国在 9 个领域排名前 3 的前沿占比均在 81.82%~100%，在化学与材料科学领域也占到了 83.33%，在数学、计算机科学与工程学领域排名前 3 的前沿比例最低，为 41.67%。

相对来说，中国在化学与材料科学领域和数学、计算机科学与工程学领域表现最活跃，这两个领域排名前 3 的研究前沿分别为 16 个和 11 个，占本领域所有前沿的 88.89% 和 91.67%。生物科学领域中国排名前 3 的研究前沿有 7 个，占比虽然仅为 35.00%，但相对来说中国在该领域的表现不俗。农业、植物学和动物学领域，生态和环境科学领域，地球科学领域中国排名前 3 的研究前沿均为 5 个，占本领域的 45.45%。

可以看出，中国的 10 个学科领域的发展多领域隆起，但仍有洼地。临床医学领域和天文学与天体物理学领域的活跃度表现明显不足；物理学领域，经济学、心理学及其他社会科学领域，生物科学领域也还需努力；农业、植物学和动物学领域，生态和环境科学领域，地球科学领域等已经在部分前沿表现相当活跃；化学与材料科学领域，数学、计算机科学与工程学领域中国表现最为活跃（图 12.3）。

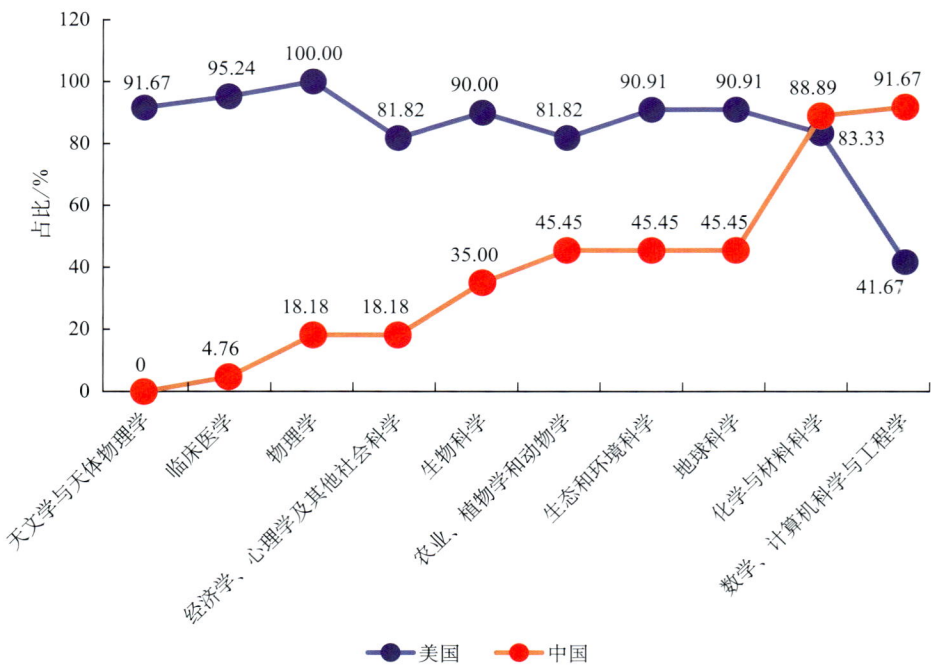

图 12.3 中国和美国在 138 个前沿中国家研究前沿热度指数排名前 3 的研究前沿比例

英国和德国在经济学、心理学及其他社会科学领域活跃度呈现明显反差，英国 90.91% 的前沿排名前 3，而德国仅有 9.09% 的前沿排名前 3。德国只有天文学与天体物理学领域和物理学领域排名前 3 的前沿所占的比例在 58.33% 和 54.55%，其他 8 个领域排名前 3 的前沿所占的比例均在 50% 以下（图 12.4）。

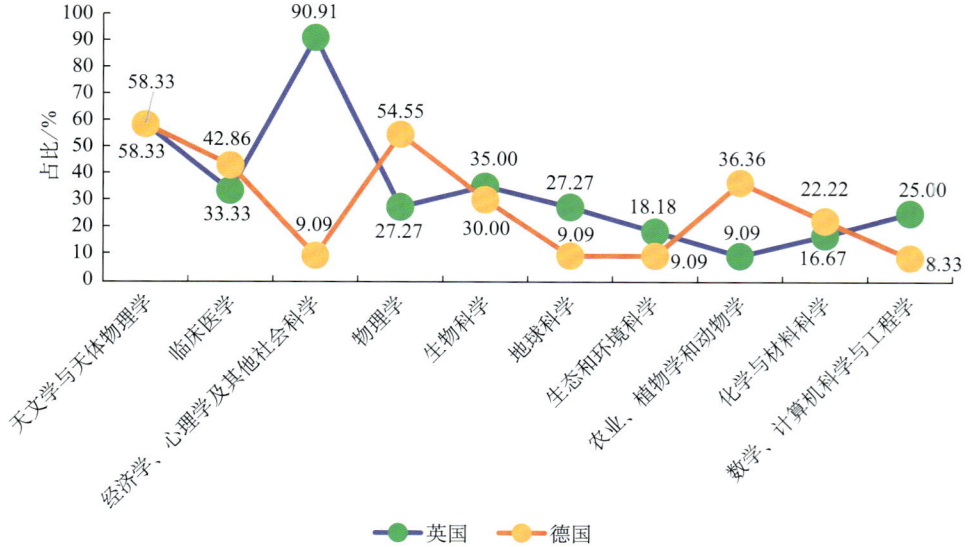

图 12.4 英国和德国在 138 个前沿中国家研究前沿热度指数排名前 3 的研究前沿比例

12.3 国家研究前沿热度指数分领域分析

细观各国在具体研究前沿热度指数的得分和排名，探讨各国特定领域和特定研究前沿的活跃程度，发现各国科技创新活力来源。

12.3.1 农业、植物学和动物学领域：美国活跃度绝对领先，中国稳居第 2

在农业、植物学和动物学领域，美国的研究前沿热度指数得分 15.33，排名第 1，表现最活跃。中国得分为 8.07 分，排名第 2。德国得分为 6.39 分，排名第 3。其次是法国和英国。从表 12.5 可以看出，Top4 国家的国家贡献度和国家影响度的排名与国家研究前沿热度指数的排名完全一致。英国在国家贡献度上与国家影响度和国家研究前沿热度指数的排名略有差异。

表 12.5　农业、植物学和动物学领域 Top5 国家研究前沿热度指数及分指标得分与排名

指标名称	得分					排名				
	美国	中国	德国	法国	英国	美国	中国	德国	法国	英国
国家研究前沿热度指数	15.33	8.07	6.39	4.42	4.10	1	2	3	4	5
国家贡献度	7.80	4.91	3.26	2.29	2.05	1	2	3	4	6
国家核心论文份额	4.48	2.43	2.06	1.46	1.23	1	2	3	4	7
国家施引论文份额	3.32	2.48	1.20	0.83	0.82	1	2	3	4	5
国家影响度	7.53	3.16	3.13	2.13	2.05	1	2	3	4	5
国家核心论文被引频次份额	5.27	2.03	2.20	1.53	1.39	1	3	2	4	5
国家施引论文被引频次份额	2.26	1.13	0.93	0.60	0.66	1	2	3	5	4

在该领域的 11 个前沿中，美国在热点前沿 2、3、4、7、9 和新兴前沿 1 等 6 个前沿的研究前沿热度指数得分排名第 1，占 54.55%。中国只在热点前沿 1 "作物产量相关性状的遗传网络分析" 和热点前沿 6 "饲料添加剂对鱼类免疫力的增强作用" 两个热点前沿排名第 1。德国在热点前沿 8 "林木树种混交对林分质量和生产力的影响" 排名第 1。英国则在热点前沿 5 "植物中药用化合物生物合成的基因调控" 排名第 1。

排名前 3 的前沿，美国有 9 个，中国有 5 个，德国有 4 个，法国有 3 个，英国有 1 个。中国在热点前沿 4 "CRISPR/Cas9 基因编辑技术在作物基因组编辑中的应用"、热点前沿 7 "纳米乳液研发及其在食品工业中的应用" 和新兴前沿 1 "新型 CRISPR 基因编辑技术在植物基因组编辑中的应用" 排名第 2～3 位。德国在热点前沿 3 "叶绿素荧光遥感在植物

初级生产力模拟中的应用"和热点前沿4"CRISPR/Cas9基因编辑技术在作物基因组编辑中的应用"和热点前沿9"根际微生物群落及其与植物间的互作"排名第2~3位（表12.6和表12.7）。

表12.6 农业、植物学和动物学领域热点前沿和新兴前沿基本信息

类型和序号	前沿名称	核心论文/篇	被引频次	核心论文平均出版年
热点前沿1	作物产量相关性状的遗传网络分析	18	1329	2014.8
热点前沿2	斑翅果蝇的入侵生物学和防治策略	19	972	2014.8
热点前沿3	叶绿素荧光遥感在植物初级生产力模拟中的应用	14	767	2014.8
热点前沿4	CRISPR/Cas9基因编辑技术在作物基因组编辑中的应用	14	1285	2014.6
热点前沿5	植物中药用化合物生物合成的基因调控	16	993	2014.6
热点前沿6	饲料添加剂对鱼类免疫力的增强作用	14	814	2014.6
热点前沿7	纳米乳液研发及其在食品工业中的应用	33	1561	2014.5
热点前沿8	林木树种混交对林分质量和生产力的影响	15	1092	2014.5
热点前沿9	根际微生物群落及其与植物间的互作	44	4983	2014.4
热点前沿10	食品和动物饲料中霉菌毒素污染及其毒性研究	27	1803	2014.4
新兴前沿1	新型CRISPR基因编辑技术在植物基因组编辑中的应用	15	271	2016.7

表12.7 农业、植物学和动物学领域Top5国家11个前沿的国家研究前沿热度指数及排名

前沿	国家研究前沿热度指数					排名				
	美国	中国	德国	法国	英国	美国	中国	德国	法国	英国
前沿汇总	15.33	8.07	6.39	4.42	4.10	1	2	3	4	5
热点前沿1	0.98	1.88	0.20	0.20	0.19	2	1	7	6	8
热点前沿2	1.91	0.31	0.26	0.76	0.18	1	6	8	3	12
热点前沿3	2.59	0.62	1.89	0.68	0.54	1	7	2	6	8
热点前沿4	1.84	1.27	0.63	0.08	0.29	1	2	3	6	4
热点前沿5	1.20	0.24	0.20	0.59	1.23	2	10	14	4	1
热点前沿6	0.87	0.99	0.07	0.12	0.31	2	1	19	15	6
热点前沿7	2.21	0.78	0.06	0.04	0.04	1	3	14	19	18
热点前沿8	0.71	0.14	1.72	0.83	0.75	5	24	1	2	4
热点前沿9	1.11	0.22	0.92	0.26	0.22	1	9	2	6	10
热点前沿10	0.35	0.19	0.40	0.83	0.29	8	13	4	2	9
新兴前沿1	1.56	1.43	0.04	0.03	0.06	1	2	11	15	7

12.3.2 生态与环境科学领域：美中表现俱佳，远超法英德

在生态与环境科学领域，美国的研究前沿热度指数得分为 14.07 分，排名第 1，表现最活跃。中国得分为 11.82 分，排名第 2，中国在该领域的得分与美国差距较小，并远远超过其他国家。第 3 名是法国，得分为 4.53 分，与前两名的得分差距显著。排名前四的美国、中国、法国和英国在国家研究前沿热度指数、国家贡献度以及国家影响度上排名完全一致（表 12.8）。

表 12.8 生态与环境科学领域 Top5 国家研究前沿热度指数及分指标得分与排名

指标名称	得分					排名				
	美国	中国	法国	英国	德国	美国	中国	法国	英国	德国
国家研究前沿热度指数	14.07	11.82	4.53	4.24	3.84	1	2	3	4	5
国家贡献度	7.41	7.03	2.30	2.27	2.05	1	2	3	4	6
国家核心论文份额	4.22	3.56	1.45	1.26	1.24	1	2	3	5	7
国家施引论文份额	3.19	3.47	0.85	1.01	0.81	2	1	4	3	5
国家影响度	6.66	4.79	2.23	1.97	1.79	1	2	3	4	5
国家核心论文被引频次份额	4.53	3.31	1.60	1.12	1.29	1	2	3	8	4
国家施引论文被引频次份额	2.13	1.48	0.63	0.85	0.50	1	2	4	3	6

在该领域 11 个前沿中，美国在热点前沿 6、7、8、9 和新兴前沿 1 等 5 个前沿的研究前沿热度指数得分均排名第 1。美国除在热点前沿 10"电容去离子技术脱除水中盐分"排名第 4 外，其余 10 个前沿均排名第 1～3 位。中国在热点前沿 2"氧化石墨烯清除水体放射性核素"、热点前沿 3"利用过渡金属与纳米技术催化活化过硫酸盐降解水中污染物"、热点前沿 4"电子废弃物中的金属回收技术"和热点前沿 10"电容去离子技术脱除水中盐分"四个前沿均排名第 1。中国在热点前沿 9"抗生素抗性基因的来源与环境归趋"排名第 2。

法国在热点前沿 8"用于物种多样性研究的系统发育方法"排名第 2，在热点前沿 5"森林外生菌根真菌在森林土壤碳循环中的作用"、热点前沿 6"环境 DNA 宏条形码技术监测生物多样性"、热点前沿 7"土壤水分和陆地蒸散的遥感监测"三个前沿均排名第 3。英国在热点前沿 6"环境 DNA 宏条形码技术监测生物多样性"和新兴前沿 1"微生物燃料电池技术用于废水处理"两个前沿排名第 2。德国在热点前沿 10"电容去离子技术脱除水中盐分"排名第 3（表 12.9 和表 12.10）。

表 12.9 生态与环境科学领域热点前沿和新兴前沿基本信息

类型和序号	前沿名称	核心文献/篇	被引频次	核心文献平均出版年
热点前沿 1	外来物种入侵的影响与管控	24	2062	2015.2
热点前沿 2	氧化石墨烯清除水体放射性核素	46	3360	2015.1
热点前沿 3	利用过渡金属与纳米技术催化活化过硫酸盐降解水中污染物	50	3344	2014.9
热点前沿 4	电子废弃物中的金属回收技术	29	1395	2014.8
热点前沿 5	森林外生菌根真菌在森林土壤碳循环中的作用	11	1047	2014.6
热点前沿 6	环境 DNA 宏条形码技术监测生物多样性	45	3770	2014.4
热点前沿 7	土壤水分和陆地蒸散的遥感监测	24	2027	2014.4
热点前沿 8	用于物种多样性研究的系统发育方法	20	1931	2014.4
热点前沿 9	抗生素抗性基因的来源与环境归趋	17	1929	2014.4
热点前沿 10	电容去离子技术脱除水中盐分	18	1914	2014.4
新兴前沿 1	微生物燃料电池技术用于废水处理	7	152	2016.6

表 12.10 生态与环境科学领域 Top5 国家 11 个前沿的国家研究前沿热度指数及排名

前沿	国家研究前沿热度指数					排名				
	美国	中国	法国	英国	德国	美国	中国	法国	英国	德国
前沿汇总	14.07	11.82	4.53	4.24	3.84	1	2	3	4	5
热点前沿 1	1.29	0.22	0.54	0.59	0.60	3	18	12	11	10
热点前沿 2	0.52	2.80	0.02	0.03	0.01	3	1	18	12	20
热点前沿 3	0.38	2.35	0.07	0.01	0.07	3	1	8	22	9
热点前沿 4	0.45	1.70	0.04	0.15	0.15	3	1	24	9	10
热点前沿 5	1.61	0.21	0.90	0.33	0.74	2	18	3	9	4
热点前沿 6	1.37	0.29	0.55	0.57	0.15	1	6	3	2	11
热点前沿 7	2.23	0.06	0.58	0.42	0.14	1	13	3	4	9
热点前沿 8	1.85	0.80	1.35	0.84	0.54	1	8	2	6	9
热点前沿 9	1.83	1.43	0.10	0.17	0.23	1	2	10	7	5
热点前沿 10	0.64	1.51	0.02	0.07	0.76	4	1	20	12	3
新兴前沿 1	1.90	0.45	0.36	1.09	0.45	1	5	6	2	4

12.3.3 地球科学领域：美国仍然表现最为活跃，中国跃升第2

在地球科学领域，美国的研究前沿热度指数得分21.49分，排名第1，远超其他国家。中国得分为9.93分，排名第2，与美国还有较大差距。法国、英国和加拿大分别得分为7.43分、6.41分和4.45分，分别排名第3、第4和第5位。从表12.11可以看出，美国、中国、法国和英国在国家研究前沿热度指数、国家贡献度和国家影响度上名次一致。

表 12.11 地球科学领域 Top5 国家研究前沿热度指数及分指标得分与排名

指标名称	得分					排名				
	美国	中国	法国	英国	加拿大	美国	中国	法国	英国	加拿大
国家研究前沿热度指数	21.49	9.93	7.43	6.41	4.45	1	2	3	4	5
国家贡献度	11.55	6.00	3.65	3.33	2.32	1	2	3	4	5
国家核心论文份额	6.94	3.02	2.58	2.06	1.56	1	2	3	4	5
国家施引论文份额	4.61	2.98	1.07	1.27	0.76	1	2	4	3	6
国家影响度	9.94	3.93	3.78	3.08	2.13	1	2	3	4	6
国家核心论文被引频次份额	7.10	2.73	2.89	2.09	1.61	1	3	2	4	5
国家施引论文被引频次份额	2.84	1.20	0.89	0.99	0.52	1	2	4	3	7

在该领域11个研究前沿中，美国在热点前沿2、3、5、6、7、8和9等7个前沿的国家研究前沿热度指数得分均排名第1，表现出超群的实力。

中国在热点前沿1"基于深度学习的高分辨率遥感影像的场景分类"和热点前沿4"中国各地区煤中稀土元素地球化学特征"两个前沿排名第1；在热点前沿6"元古代时期大气和海洋氧化研究"、热点前沿8"利用热带降雨测量任务和全球降水测量任务开展全球多地区降水分析"和热点前沿10"基于GIS的滑坡敏感性评价研究"，排名第2～3位。

法国在热点前沿2、3、5、7、9等5个前沿排名第2～3位。英国在热点前沿2和5等2个前沿排名第2～3位。加拿大则在热点前沿6和7排名第2（表12.12和表12.13）。

表 12.12 地球科学领域热点前沿和新兴前沿基本信息

类型和序号	前沿名称	核心文献/篇	被引频次	核心文献平均出版年
热点前沿1	基于深度学习的高分辨率遥感影像的场景分类	38	1535	2015.6
热点前沿2	基于CMIP5模式的气候敏感性估计	16	1148	2014.9
热点前沿3	2015年尼泊尔喜马拉雅逆冲断层的廓尔喀地震研究	14	1016	2014.9
热点前沿4	中国各地区煤中稀土元素地球化学特征	15	934	2014.9

续表

类型和序号	前沿名称	核心文献/篇	被引频次	核心文献平均出版年
热点前沿 5	利用好奇号开展盖尔陨石坑的岩石矿物学研究	26	2253	2014.6
热点前沿 6	元古代时期大气和海洋氧化研究	24	1966	2014.6
热点前沿 7	地下流体注入诱发美国多地地震机理研究	20	1677	2014.6
热点前沿 8	利用热带降雨测量任务和全球降水测量任务开展全球多地区降水分析	13	892	2014.6
热点前沿 9	全球内陆水域的 CO_2 排放研究	9	1112	2014.4
热点前沿 10	基于 GIS 的滑坡敏感性评价研究	32	1955	2014.3
新兴前沿 1	基于 N-ICE2015 等观测数据的冬季北极变暖和海冰减少研究	14	191	2016.9

表 12.13 地球科学领域 Top5 国家 11 个前沿的国家研究前沿热度指数及排名

前沿	国家研究前沿热度指数					排名				
	美国	中国	法国	英国	加拿大	美国	中国	法国	英国	加拿大
前沿汇总	21.49	9.93	7.43	6.41	4.45	1	2	3	4	5
热点前沿 1	0.54	2.87	0.03	0.50	0.02	2	1	10	3	11
热点前沿 2	2.41	0.16	0.97	1.50	0.12	1	9	3	2	10
热点前沿 3	1.85	0.53	1.31	0.76	0.06	1	7	2	4	10
热点前沿 4	1.74	2.57	0.03	0.05	0.03	2	1	17	15	18
热点前沿 5	3.05	0.16	1.79	1.29	1.11	1	11	2	3	4
热点前沿 6	2.32	0.75	0.58	0.64	1.46	1	3	5	4	2
热点前沿 7	2.80	0.10	0.18	0.14	0.32	1	7	3	4	2
热点前沿 8	2.63	1.36	0.09	0.39	0.04	1	2	5	4	17
热点前沿 9	2.36	0.25	1.62	0.61	0.98	1	13	3	8	5
热点前沿 10	0.12	0.57	0.02	0.02	0.03	12	3	24	22	20
新兴前沿 1	1.67	0.61	0.80	0.50	0.28	2	5	4	6	10

12.3.4 临床医学领域：美国活跃度超群，中国跟跑脚步加快

在临床医学领域，美国的国家研究前沿热度指数得分为 41.44 分，遥遥领先于其他国家。德国和英国得分分别为 17.96 分和 14.60 分。中国排名第 13 位，在该领域与其他强国有一定的差距。国家研究前沿热度指数 Top5 国家在国家研究前沿热度指数、国家贡献度和国家影响度上基本一致。中国排名在各个指标上略有变

化，国家研究前沿热度指数排名第 13 位，国家施引论文份额排名第 5 位，国家核心论文份额和国家核心论文被引频次份额也仅仅排名第 13 位和第 15 位，表明中国在该领域缺少有较高影响力的重要成果（表 12.14）。

表 12.14 临床医学领域 Top5 国家 + 中国研究前沿热度指数及分指标得分与排名

指标名称	得分						排名					
	美国	德国	英国	法国	意大利	中国	美国	德国	英国	法国	意大利	中国
国家研究前沿热度指数	41.44	17.96	14.60	10.16	9.85	5.58	1	2	3	4	5	13
国家贡献度	21.38	8.57	7.46	5.04	5.09	3.37	1	2	3	5	4	9
国家核心论文份额	12.60	5.70	5.19	3.37	3.13	1.51	1	2	3	4	5	13
国家施引论文份额	8.78	2.87	2.27	1.67	1.96	1.86	1	2	3	6	4	5
国家影响度	20.06	9.39	7.14	5.12	4.76	2.21	1	2	3	4	5	14
国家核心论文被引频次份额	12.48	6.60	4.78	3.15	2.82	1.35	1	2	3	4	5	15
国家施引论文被引频次份额	7.58	2.79	2.36	1.97	1.94	0.86	1	2	3	5	6	14

在该领域的 21 个研究前沿中，美国保持绝对领先优势，美国在 17 个研究前沿的研究前沿热度指数得分均排名第 1；只在热点前沿 7"生物可吸收药物洗脱支架治疗冠心病疗效"、热点前沿 8"放射性核素标记 PSMA 靶向治疗去势抵抗性前列腺癌"和新兴前沿 4"长链非编码 RNA 与肿瘤进展及预后关系"等三个前沿排名第 2；在热点前沿 4"生物类似药英夫利昔单抗（CT-P13）的疗效和安全性研究"排名第 4。

从研究前沿热度指数得分上也可以看出，德国在部分前沿有优异表现，在热点前沿 4"生物类似药英夫利昔单抗（CT-P13）的疗效和安全性研究"和热点前沿 8"放射性核素标记 PSMA 靶向治疗去势抵抗性前列腺癌"两个前沿排名第 1。

中国在该领域的热度指数排名第 13 位，多数前沿均排名靠后，但在新兴前沿 4"长链非编码 RNA 与肿瘤进展及预后关系"表现突出，排名第 1（表 12.15 和表 12.16）。

表 12.15 临床医学领域热点前沿和新兴前沿基本信息

类型和序号	前沿名称	核心文献/篇	被引频次	核心文献平均出版年
热点前沿 1	高血压强化降压治疗	9	1456	2016
热点前沿 2	阿尔茨海默病 F-18 标记 tau 靶向 PET 成像	32	1791	2015.9
热点前沿 3	含钆造影剂脑部钆沉淀风险	29	1766	2015.9
热点前沿 4	生物类似药英夫利昔单抗（CT-P13）的疗效和安全性研究	26	1284	2015.9
热点前沿 5	神经内分泌肿瘤相关研究	17	1099	2015.6

续表

类型和序号	前沿名称	核心文献/篇	被引频次	核心文献平均出版年
热点前沿6	人工胰腺闭环控制糖尿病临床研究	24	1383	2015.5
热点前沿7	生物可吸收药物洗脱支架治疗冠心病疗效	35	2997	2015.2
热点前沿8	放射性核素标记PSMA靶向治疗去势抵抗性前列腺癌	31	2709	2015.2
热点前沿9	特发性肺纤维化突破性新药：Nintedanib	39	4174	2015.1
热点前沿10	PD-1/PD-L1抑制剂治疗非小细胞肺癌和肾细胞癌	8	5430	2015
新兴前沿1	阿片类药物危机	10	111	2016.9
新兴前沿2	BCL-2抑制剂Venetoclax治疗复发或难治性慢性淋巴细胞白血病	4	155	2016.8
新兴前沿3	FOLFIRI联合西妥昔单抗或贝伐单抗治疗对KRAS野生型转移性结直肠癌影响	4	93	2016.8
新兴前沿4	长链非编码RNA与肿瘤进展及预后关系	7	140	2016.7
新兴前沿5	轮状病毒感染致死率与轮状病毒疫苗有效性	3	111	2016.7
新兴前沿6	临床评分识别大血管闭塞的卒中患者	6	95	2016.7
新兴前沿7	肿瘤患者PD-1/PD-L1抗体治疗临床试验	7	245	2016.6
新兴前沿8	免疫抑制剂治疗特异性皮炎	7	206	2016.6
新兴前沿9	早期目标导向治疗（EGDT）对脓毒症休克患者预后影响	8	142	2016.6
新兴前沿10	巨细胞动脉炎治疗新突破：Tocilizumab	5	113	2016.6
新兴前沿11	心外科手术冷热交换系统引发Chimaera分枝杆菌经空气传播风险	5	99	2016.6

表12.16 临床医学领域Top5国家21个前沿的研究前沿热度指数及排名

前沿	研究前沿热度指数						排名					
	美国	德国	英国	法国	意大利	中国	美国	德国	英国	法国	意大利	中国
前沿汇总	41.44	17.96	14.60	10.16	9.85	5.58	1	2	3	4	5	13
热点前沿1	1.59	0.13	1.07	0.11	0.55	0.72	1	25	2	26	13	6
热点前沿2	2.00	0.18	0.44	0.14	0.20	0.04	1	8	4	10	6	18
热点前沿3	1.14	0.69	0.09	0.23	0.28	0.10	1	2	9	5	4	7
热点前沿4	1.01	1.30	0.88	0.46	0.51	0.02	4	1	5	11	9	40
热点前沿5	1.92	1.25	1.05	1.12	1.06	0.17	1	2	5	3	4	20
热点前沿6	2.19	0.72	0.74	0.29	0.27	0.03	1	3	2	7	8	16
热点前沿7	1.39	0.73	1.13	0.51	0.81	0.24	2	5	3	8	4	15
热点前沿8	0.76	2.19	0.07	0.04	0.28	0.04	2	1	8	11	3	13

续表

前沿	研究前沿热度指数						排名					
	美国	德国	英国	法国	意大利	中国	美国	德国	英国	法国	意大利	中国
热点前沿9	2.40	0.88	1.20	0.64	0.56	0.10	1	3	2	4	5	17
热点前沿10	2.82	1.42	0.76	1.53	1.40	0.13	1	4	9	3	5	22
新兴前沿1	2.67	0.19	0.28	0.02	0.03	—	1	6	4	12	9	—
新兴前沿2	3.20	1.65	1.51	0.75	0.47	0.01	1	3	5	6	8	21
新兴前沿3	1.91	1.56	0.12	0.25	1.36	0.12	1	2	11	9	3	11
新兴前沿4	1.26	0.01	—	0.02	0.02	3.42	2	8	—	5	4	1
新兴前沿5	2.73	0.12	0.14	0.65	0.03	0.16	1	10	9	5	22	8
新兴前沿6	1.65	0.57	0.41	0.56	—	0.03	1	4	6	5	—	11
新兴前沿7	3.14	1.51	0.72	0.62	0.89	0.12	1	2	5	6	3	15
新兴前沿8	2.88	0.94	1.18	0.80	0.10	0.04	1	5	2	6	14	18
新兴前沿9	1.65	1.04	1.44	0.56	0.45	0.09	1	4	2	9	11	24
新兴前沿10	1.46	0.75	0.70	0.86	0.58	—	1	4	6	2	7	—
新兴前沿11	1.67	0.13	0.67	—	—	—	1	7	3	—	—	—

12.3.5 生物科学领域：美国活跃度遥遥领先，英德中表现相当

在生物科学领域，美国的研究前沿热度指数得分为38.73分，排名第1，是第2名英国的近4倍。英国、德国和中国得分分别为10.58分、10.31分和9.08分，三个国家的得分非常接近，但与美国差距较大。在三级指标上，中国的研究前沿热度指数排名第4，国家贡献度排名第3，国家影响度排名第5，中国的论文影响力的排名低于论文数量的排名（表12.17）。

表12.17 生物科学领域Top5国家研究前沿热度指数及分指标得分与排名

指标名称	得分					排名				
	美国	英国	德国	中国	意大利	美国	英国	德国	中国	意大利
国家研究前沿热度指数	38.73	10.58	10.31	9.08	8.17	1	2	3	4	5
国家贡献度	21.00	5.63	5.17	5.58	4.18	1	2	4	3	5
国家核心论文份额	12.19	3.25	3.13	2.46	2.32	1	2	3	4	5
国家施引论文份额	8.81	2.38	2.04	3.12	1.86	1	3	4	2	5
国家影响度	17.73	4.95	5.14	3.50	3.99	1	3	2	5	4
国家核心论文被引频次份额	11.37	3.57	3.59	2.17	3.14	1	3	2	5	4
国家施引论文被引频次份额	6.36	1.38	1.55	1.33	0.85	1	3	2	4	5

生物科学领域的20个研究前沿中，美国在15个前沿的研究前沿热度指数得分排名第1；只有新兴前沿1"环状RNA作为新的癌症诊断标志物"和新兴前沿10"非编码RNA识别模式"排名第2，新兴前沿6"细胞活性氧（ROS）与肿瘤发生及干预的关系"排名第3；热点前沿5"碳酸酐酶抑制剂的合成及生物活性"和新兴前沿2"基于生物标志物的阿尔茨海默病诊断"排名第4、第5。

英国和中国分别在7个前沿排名前3，德国在6个前沿排名前3。德国在新兴前沿10"非编码RNA识别模式"排名第1。中国则在新兴前沿1"环状RNA作为新的癌症诊断标志物"排名第1。英德中三国虽然与美国仍有较大差距，但在某些前沿仍表现突出，属于生物科学领域的第二梯队（表12.18和表12.19）。

表12.18 生物科学领域热点前沿和新兴前沿基本信息

类型和序号	前沿名称	核心文献/篇	被引频次	核心文献平均出版年
热点前沿1	寨卡病毒感染的生物学研究	38	2409	2016.4
热点前沿2	细胞衰老的分子机制	22	2126	2015.5
热点前沿3	炎性小体的机制和功能	45	4282	2015.4
热点前沿4	mRNA甲基化介导的基因表达调控	42	4811	2015.3
热点前沿5	碳酸酐酶抑制剂的合成及生物活性	47	2918	2015.3
热点前沿6	TREM2基因变异与阿尔茨海默病	32	4087	2015.2
热点前沿7	乙型肝炎病毒感染的分子生物学研究	33	2545	2015.2
热点前沿8	PROTAC靶向蛋白降解	17	1502	2015.2
热点前沿9	肠道微生物对大脑和行为的影响	48	5275	2015.1
热点前沿10	哺乳动物早期胚胎DNA甲基化的独特调控阶段	28	3671	2015.1
新兴前沿1	环状RNA作为新的癌症诊断标志物	13	210	2017
新兴前沿2	基于生物标志物的阿尔茨海默病诊断	8	81	2017
新兴前沿3	寨卡病毒蛋白酶抑制剂	16	364	2016.8
新兴前沿4	PCR复合物及肿瘤表观遗传	6	93	2016.8
新兴前沿5	抗1型糖尿病患者核糖体胰岛素基因产物自身免疫	4	89	2016.8
新兴前沿6	细胞活性氧（ROS)与肿瘤发生及干预的关系	3	107	2016.7
新兴前沿7	海马颗粒细胞与苔藓细胞的生理特性及行为相关性	3	58	2016.7
新兴前沿8	CMG解旋酶启动细胞DNA复制的机制	14	355	2016.6
新兴前沿9	细胞迁移过程中的核膜破裂与修复	5	243	2016.6
新兴前沿10	非编码RNA识别模式	5	153	2016.6

表 12.19　生物科学领域 Top5 国家 20 个前沿的研究前沿热度指数得分及排名

前沿	研究前沿热度指数					排名				
	美国	英国	德国	中国	意大利	美国	英国	德国	中国	意大利
前沿汇总	38.73	10.58	10.31	9.08	8.17	1	2	3	4	5
热点前沿 1	2.14	0.15	0.09	0.42	0.04	1	7	10	3	12
热点前沿 2	1.87	0.62	0.35	0.41	0.11	1	3	6	5	11
热点前沿 3	1.97	0.23	0.35	0.64	0.19	1	8	4	2	10
热点前沿 4	2.20	0.12	0.21	0.73	0.03	1	6	4	2	17
热点前沿 5	0.53	0.33	0.21	0.24	1.89	4	5	8	7	1
热点前沿 6	2.74	0.93	0.67	0.27	0.67	1	2	5	19	3
热点前沿 7	1.29	0.22	1.29	1.00	0.40	1	10	2	3	5
热点前沿 8	2.68	0.45	0.35	0.11	0.12	1	3	4	7	5
热点前沿 9	1.18	0.26	0.17	0.22	0.15	1	4	7	5	8
热点前沿 10	1.52	1.18	0.56	0.50	0.03	1	2	3	4	15
新兴前沿 1	0.67	0.04	0.48	2.37	0.27	2	8	3	1	4
新兴前沿 2	1.19	1.86	0.10	0.14	2.69	5	4	11	9	1
新兴前沿 3	1.88	0.05	0.45	0.45	0.04	1	14	5	4	17
新兴前沿 4	3.44	0.19	0.18	0.54	0.08	1	6	5	3	8
新兴前沿 5	3.40	0.26	0.23	0.04	0.11	1	4	5	13	9
新兴前沿 6	0.98	0.08	0.16	0.47	1.21	3	15	7	5	1
新兴前沿 7	3.38	1.05	0.80	0.11	—	1	2	3	5	—
新兴前沿 8	1.90	1.56	0.17	0.27	0.03	1	2	4	3	14
新兴前沿 9	2.28	0.23	1.09	0.05	0.07	1	4	2	12	9
新兴前沿 10	1.49	0.77	2.40	0.10	0.04	2	3	1	9	13

12.3.6　化学与材料科学领域：中美活跃度比肩，中国热度略高

在化学与材料科学领域，中国的研究前沿热度指数得分为 28.66 分，排名第 1。美国得分为 22.37 分，排名第 2。中国得分是德国的近 5 倍，美国与中国活跃度相差不大。德国、英国、韩国得分分别是 5.94 分、4.37 分和 3.69 分，排名第 3～5 位。国家研究前沿热度指数、国家贡献度和国家影响度的排名 Top5 国家排序完全一致，中国和美国始终是第 1 名和第 2 名，其次是德国、英国和韩国。只有国家核心论文被引频次份额指标美国超过中国，表明美国在该领域的重要论文的影响力超过中国（表 12.20）。

表 12.20　化学与材料科学领域 Top5 国家研究前沿热度指数及分指标得分与排名

指标名称	得分					排名				
	中国	美国	德国	英国	韩国	中国	美国	德国	英国	韩国
国家研究前沿热度指数	28.66	22.37	5.94	4.37	3.69	1	2	3	4	5
国家贡献度	16.53	11.54	3.32	2.19	2.04	1	2	3	4	5
国家核心论文份额	7.52	7.31	2.01	1.43	1.29	1	2	3	4	5
国家施引论文份额	9.01	4.23	1.31	0.76	0.75	1	2	3	6	7
国家影响度	12.13	10.83	2.62	2.18	1.65	1	2	3	4	5
国家核心论文被引频次份额	7.45	8.02	1.90	1.82	1.22	2	1	3	4	5
国家施引论文被引频次份额	4.68	2.81	0.72	0.36	0.43	1	2	3	6	5

在该领域 18 个研究前沿中，中国在热点前沿 5、6、7、8 和新兴前沿 1、5、6、7、8 等 9 个前沿的研究前沿热度指数排名第 1（占比为 1/2）。美国在热点前沿 1、2、3、4、9 和新兴前沿 2 等 6 个前沿的研究前沿热度指数排名第 1（占比 1/3）。

在该领域的 18 个前沿中，中国有 16 个前沿排名前 3。美国有 15 个前沿排名前 3。中美两国在该领域的活跃程度远超其他国家，相对来说中国在该领域的表现更为突出（表 12.21 和表 12.22）。

表 12.21　化学与材料科学领域热点前沿和新兴前沿基本信息

类型和序号	前沿名称	核心文献/篇	被引频次	核心文献平均出版年
热点前沿 1	金属锂负极枝晶抑制研究	34	2941	2015.9
热点前沿 2	间位选择性碳氢键活化	34	2599	2015.5
热点前沿 3	光引发的活性自由基聚合	34	3037	2015.3
热点前沿 4	镍/光氧化还原协同催化	23	2350	2015.2
热点前沿 5	全无机钙钛矿纳米晶光电材料	18	3951	2015.1
热点前沿 6	钙钛矿太阳能电池	25	3361	2015.1
热点前沿 7	硼烯	19	1831	2015.1
热点前沿 8	高介电常数聚合物基纳米复合材料	16	1959	2015
热点前沿 9	串行飞秒晶体学	19	2190	2014.6
热点前沿 10	低共熔溶剂及其应用	18	2990	2014.2
新兴前沿 1	过渡金属纳米阵列在中性环境下电解水催化剂	13	219	2017
新兴前沿 2	卟啉类配合物的制备及应用	8	147	2017
新兴前沿 3	可拉伸材料和器件	4	128	2016.8

续表

类型和序号	前沿名称	核心文献/篇	被引频次	核心文献平均出版年
新兴前沿 4	过渡金属（锰）配合物用作加氢/脱氢催化剂	20	607	2016.7
新兴前沿 5	g-C_3N_4 与非贵金属（钴镍）化合物作为光解水催化剂	7	193	2016.7
新兴前沿 6	有机硫化物的合成	13	330	2016.6
新兴前沿 7	碳纳米材料（碳纳米管和石墨烯）改性聚合物	7	235	2016.6
新兴前沿 8	卤氧化铋半导体光催化剂	5	124	2016.6

表 12.22 化学与材料科学领域 Top5 国家 18 个前沿的国家研究前沿热度指数得分及排名

前沿	国家研究前沿热度指数					排名				
	中国	美国	德国	英国	韩国	中国	美国	德国	英国	韩国
前沿汇总	28.66	22.37	5.94	4.37	3.69	1	2	3	4	5
热点前沿 1	1.69	1.94	0.09	0.15	0.14	2	1	6	3	4
热点前沿 2	0.82	1.19	0.45	0.26	0.02	2	1	3	5	14
热点前沿 3	0.43	1.73	0.08	0.15	0.08	3	1	12	6	11
热点前沿 4	0.46	2.35	0.11	0.07	0.01	2	1	4	8	16
热点前沿 5	1.20	0.67	0.26	0.50	0.08	1	2	6	4	11
热点前沿 6	0.47	0.44	0.08	0.15	0.10	1	2	7	3	6
热点前沿 7	2.40	2.17	0.09	0.01	0.02	1	2	6	18	13
热点前沿 8	2.56	1.08	0.03	0.04	0.05	1	2	8	7	5
热点前沿 9	0.12	2.65	2.46	0.45	0.11	14	1	2	5	15
热点前沿 10	0.49	0.21	0.10	0.37	0.16	2	7	12	4	9
新兴前沿 1	3.22	0.05	0.01	—	0.04	1	3	8	—	4
新兴前沿 2	0.80	1.30	0.09	0.01	0.29	2	1	11	22	8
新兴前沿 3	1.49	2.32	0.03	1.36	2.36	3	2	12	4	1
新兴前沿 4	0.23	0.15	1.42	0.12	0.01	4	7	1	8	24
新兴前沿 5	3.35	0.16	0.30	0.24	0.11	1	5	3	4	6
新兴前沿 6	2.06	1.03	0.23	0.46	0.03	1	2	4	3	7
新兴前沿 7	3.19	2.72	0.05	0.02	0.06	1	2	5	11	4
新兴前沿 8	3.68	0.21	0.06	0.01	0.02	1	2	5	9	8

12.3.7 物理学领域：美国活跃度全面领先，德中英部分前沿表现突出

在物理学领域，美国的研究前沿热度指数得分为 17.55 分，是第 2 名德国的 2 倍多，活跃程度最高。德国和中国得分分别为 8.05 分和 6.12 分。英国和意大利分别以 5.71 分和 4.29 分排名第 4 和第 5（表 12.23）。

表 12.23 物理学领域 Top5 国家研究前沿热度指数及分指标得分与排名

指标名称	得分					排名				
	美国	德国	中国	英国	意大利	美国	德国	中国	英国	意大利
国家研究前沿热度指数	17.55	8.05	6.12	5.71	4.29	1	2	3	4	5
国家贡献度	9.74	4.32	3.73	3.00	2.35	1	2	3	4	5
国家核心论文份额	6.06	2.38	1.84	1.98	1.43	1	2	4	3	5
国家施引论文份额	3.68	1.94	1.89	1.02	0.92	1	2	3	4	6
国家影响度	7.81	3.73	2.39	2.71	1.94	1	2	4	3	6
国家核心论文被引频次份额	6.39	3.03	1.93	2.18	1.53	1	2	4	3	6
国家施引论文被引频次份额	1.42	0.70	0.46	0.53	0.41	1	2	5	3	6

在物理学领域的 11 个研究前沿中，美国在 9 个研究前沿的研究前沿热度指数排名第 1；热点前沿 4 "量子多体系统的非平衡动力学"和热点前沿 10 "四夸克态和五夸克态的实验和理论研究"排名第 2。德国在 6 个热点前沿排名前 3。中国在热点前沿 10 "四夸克态和五夸克态的实验和理论研究"排名第 1，在热点前沿 7 "外尔半金属特性研究"排名第 2。英国在热点前沿 4 "量子多体系统的非平衡动力学"排名第 1，在热点前沿 2 "全息原理及其在凝聚态物理的应用"排名第 2（表 12.24 和表 12.25）。

表 12.24 物理学领域热点前沿和新兴前沿基本信息

类型和序号	前沿名称	核心文献/篇	被引频次	核心文献平均出版年
热点前沿 1	B 介子稀有衰变研究	37	2536	2015.3
热点前沿 2	全息原理及其在凝聚态物理的应用	31	2145	2015.1
热点前沿 3	量子热力学研究	49	4421	2014.9
热点前沿 4	量子多体系统的非平衡动力学	36	3357	2014.8
热点前沿 5	双光梳光谱学研究	36	2810	2014.8
热点前沿 6	自旋-轨道耦合的莫特绝缘体研究	24	1948	2014.8
热点前沿 7	外尔半金属特性研究	38	9937	2014.7

续表

类型和序号	前沿名称	核心文献/篇	被引频次	核心文献平均出版年
热点前沿 8	中微子振荡与轻惰性中微子研究	40	6773	2014.7
热点前沿 9	多体局域化系统的研究	36	4439	2014.7
热点前沿 10	四夸克态和五夸克态的实验和理论研究	27	2563	2014.6
新兴前沿 1	黑洞与计算复杂性	9	230	2016.6

表 12.25　物理学领域 Top5 国家 11 个前沿的国家研究前沿热度指数得分及排名

前沿	国家研究前沿热度指数					排名				
	美国	德国	中国	英国	意大利	美国	德国	中国	英国	意大利
前沿汇总	17.55	8.05	6.12	5.71	4.29	1	2	3	4	5
热点前沿 1	1.57	1.26	0.58	0.67	0.92	1	2	10	7	4
热点前沿 2	1.78	0.11	0.25	1.04	0.06	1	9	4	2	13
热点前沿 3	0.48	0.02	0.00	0.01	0.12	1	17	24	18	10
热点前沿 4	1.07	0.87	0.06	1.07	0.65	2	3	13	1	4
热点前沿 5	1.64	0.52	0.21	0.14	0.08	1	4	6	8	11
热点前沿 6	1.92	1.60	0.19	0.61	0.03	1	2	10	5	18
热点前沿 7	1.84	0.41	1.78	0.38	0.03	1	5	2	6	16
热点前沿 8	1.50	0.96	0.72	0.68	0.64	1	3	5	6	7
热点前沿 9	2.16	0.66	0.06	0.29	0.31	1	2	12	7	5
热点前沿 10	1.72	1.57	2.06	0.52	1.43	2	3	1	14	4
新兴前沿 1	1.87	0.07	0.21	0.30	0.02	1	10	5	3	16

12.3.8　天文学与天体物理学领域：美、英、德、法、西位居前五，中国当前活跃度差强人意

在天文学与天体物理学领域，美国的研究前沿热度指数得分 26.54 分，稳居第 1。英国以 17.85 分排名第 2。德国以 15.48 分排名第 3。其次是法国（10.43 分）和西班牙（10.01 分）。虽然美国热度最强，但英、德、法、西四国在该领域也表现突出。中国以 4.22 分排在第 19 名，活跃度与 Top5 国家相比仍有很大差距（表 12.26）。

表12.26 天文学与天体物理学领域Top5国家+中国的国家研究前沿热度指数及分指标得分与排名

指标名称	得分						排名					
	美国	英国	德国	法国	西班牙	中国	美国	英国	德国	法国	西班牙	中国
国家研究前沿热度指数	26.54	17.85	15.48	10.43	10.01	4.22	1	2	3	4	5	19
国家贡献度	14.27	8.99	8.06	5.09	4.61	2.21	1	2	3	4	6	17
国家核心论文份额	8.93	6.32	5.46	3.34	3.32	0.88	1	2	3	5	6	25
国家施引论文份额	5.34	2.67	2.60	1.75	1.29	1.33	1	2	3	4	7	6
国家影响度	12.27	8.86	7.42	5.34	5.40	2.01	1	2	3	5	4	21
国家核心论文被引频次份额	9.30	6.81	5.51	3.98	4.11	1.09	1	2	3	5	4	25
国家施引论文被引频次份额	2.97	2.05	1.91	1.36	1.29	0.92	1	2	3	4	5	10

在该领域的12个前沿中，美国占绝对的优势，9个前沿的研究前沿热度指数排名第1。英国则在7个前沿中排名前3，在热点前沿2"利用宇宙流体动力学模拟方法研究星系形成演化"排名第1。德国在7个前沿中排名前3，其中在新兴前沿2"利用地基和天基引力波观测平台研究宇宙一阶相变与引力波之间的关系"排名第1。中国只在新兴前沿1"基于多种观测数据优化暗能量模型"中排名第4，其他前沿排名均靠后（表12.27和表12.28）。

表12.27 天文学与天体物理学领域热点前沿和新兴前沿基本信息

类型和序号	前沿名称	核心文献/篇	被引频次	核心文献平均出版年
热点前沿1	引力波和黑洞的探测与模拟	40	2767	2015.9
热点前沿2	利用宇宙流体动力学模拟方法研究星系形成演化	15	2340	2014.9
热点前沿3	南极"冰立方（IceCube）中微子天文台"和"费米（Fermi）伽马射线空间望远镜"对高能中微子和伽马射线的观测研究	23	2921	2014.8
热点前沿4	双中子星并合过程及喷射物研究	30	3090	2014.4
热点前沿5	基于"普朗克"（Planck）卫星、南极望远镜（SPT）和"阿塔卡玛宇宙学望远镜"（ACT）等平台开展宇宙学研究	16	2546	2013.9
热点前沿6	基于"开普勒（Kepler）空间望远镜"等开展系外行星搜寻及性质研究	31	5343	2013.8
热点前沿7	利用"哈勃空间望远镜"（HST）开展宇宙早期暗淡星系性质研究	20	3241	2013.6
热点前沿8	基于"普朗克"（Planck）探测器和"威尔金森微波各向异性探测器"（WMAP）任务观测数据开展宇宙学参数研究	2	6585	2013.5
热点前沿9	多种暗物质理论模型下的暗物质晕研究	20	3213	2013.5

续表

类型和序号	前沿名称	核心文献/篇	被引频次	核心文献平均出版年
热点前沿 10	"斯隆数字巡天"（SDSS）计划第 3 期 "重子振荡光谱巡天"（BOSS）项目对中低红移星系的测量结果	11	2243	2013.5
新兴前沿 1	基于多种观测数据优化暗能量模型	6	123	2016.7
新兴前沿 2	利用地基和天基引力波观测平台研究宇宙一阶相变与引力波之间的关系	6	122	2016.7

表 12.28　天文学与天体物理学领域 Top5 国家 + 中国 12 个前沿的国家研究前沿热度指数得分及排名

前沿	国家研究前沿热度指数						排名					
	美国	英国	德国	法国	西班牙	中国	美国	英国	德国	法国	西班牙	中国
前沿汇总	26.54	17.86	15.48	10.43	10.01	4.22	1	2	3	4	5	19
热点前沿 1	2.13	1.51	1.23	0.82	0.74	0.50	1	2	3	4	6	15
热点前沿 2	2.13	2.48	2.25	0.44	0.98	0.08	3	1	2	8	5	14
热点前沿 3	2.78	1.75	2.14	1.19	1.09	0.76	1	5	2	7	10	17
热点前沿 4	2.13	0.59	1.06	0.28	0.11	0.28	1	4	2	6	17	7
热点前沿 5	2.66	2.07	2.26	1.87	1.79	0.23	1	4	3	7	9	23
热点前沿 6	2.85	1.04	0.50	0.69	0.44	0.12	1	2	5	4	7	16
热点前沿 7	2.92	2.08	0.93	0.85	0.55	0.30	1	2	4	6	9	14
热点前沿 8	2.83	2.59	2.51	1.62	1.58	0.23	1	2	3	6	7	22
热点前沿 9	2.19	1.26	0.75	0.38	0.29	0.34	1	2	4	7	10	9
热点前沿 10	2.23	0.35	0.26	1.22	1.23	0.23	1	12	13	3	2	15
新兴前沿 1	1.16	0.68	0.10	0.44	1.06	1.03	2	6	12	8	3	4
新兴前沿 2	0.53	1.46	1.49	0.63	0.15	0.12	8	2	1	5	15	16

12.3.9　数学、计算机科学与工程学领域：中国前沿活跃度超强，美国胶着紧随

在数学、计算机科学与工程学领域，中国表现最活跃，国家研究前沿热度指数为 31.52 分，排名第 1，为排名第 2 的美国（5.15 分）的 6 倍多。英国、澳大利亚和意大利的得分分别为 3.17 分、3.12 分和 2.83 分，排名第 3、第 4 和第 5 位（表 12.29）。

表 12.29 数学、计算机科学与工程学领域 Top5 国家研究前沿热度指数及分指标得分与排名

指标名称	得分					排名				
	中国	美国	英国	澳大利亚	意大利	中国	美国	英国	澳大利亚	意大利
国家研究前沿热度指数	31.52	5.15	3.17	3.12	2.83	1	2	3	4	5
国家贡献度	17.85	2.81	1.84	1.77	1.55	1	2	3	4	5
国家核心论文份额	9.36	1.63	1.22	1.21	0.97	1	2	3	4	5
国家施引论文份额	8.49	1.18	0.62	0.56	0.58	1	2	3	5	4
国家影响度	13.67	2.34	1.33	1.35	1.28	1	2	4	3	5
国家核心论文被引频次份额	9.44	1.74	0.93	0.90	0.98	1	2	5	7	3
国家施引论文被引频次份额	4.23	0.60	0.40	0.45	0.30	1	2	4	3	7

在该领域 12 个前沿中，除了热点前沿 5 "二阶梯度弹性理论及其应用"中国排名第 8 外，中国在其他 11 个前沿的研究前沿热度指数均排名第 1。热点前沿 5 "二阶梯度弹性理论及其应用"的第 1 名是意大利。美国在 4 个前沿排名前 2，其他前沿也多排名前 5。英国在 3 个前沿排名前 3（表 12.30 和表 12.31）。

表 12.30 数学、计算机科学与工程学领域热点前沿和新兴前沿基本信息

类型和序号	前沿名称	核心文献/篇	被引频次	核心文献平均出版年
热点前沿 1	自适应控制系统研究	39	1679	2016.2
热点前沿 2	无线传感器网络的数据采集、传输与安全和隐私保护	31	827	2016.1
热点前沿 3	基于 D 数理论的决策方法研究	43	1353	2016
热点前沿 4	面向 5G 的非正交多址接入	22	826	2016
热点前沿 5	二阶梯度弹性理论及其应用	47	1576	2015.6
热点前沿 6	几类典型非线性发展偏微分方程的求解及其在流体力学、电磁学等领域的应用	28	817	2015.6
热点前沿 7	基于智能卡、生物特征等的远程用户认证方案及相关技术	46	4211	2015.3
热点前沿 8	多粒度决策粗糙集模型研究	47	1816	2015.3
热点前沿 9	时滞系统稳定性分析方法研究	17	1176	2015.1
热点前沿 10	混沌图像加密算法研究	25	1114	2015
新兴前沿 1	非线性发展方程的孤子解及其在流体力学、光纤通信等领域的应用	10	250	2016.6
新兴前沿 2	多智能体系统一致性研究	8	186	2016.6

表 12.31 数学、计算机科学与工程学领域 Top5 国家 12 个前沿的国家研究前沿热度指数及排名

前沿	国家研究前沿热度指数					排名				
	中国	美国	英国	澳大利亚	意大利	中国	美国	英国	澳大利亚	意大利
前沿汇总	31.52	5.15	3.17	3.12	2.83	1	2	3	4	5
热点前沿 1	3.11	0.09	0.16	0.09	0.01	1	5	3	6	16
热点前沿 2	2.98	0.60	0.02	0.27	0.02	1	4	14	6	13
热点前沿 3	2.88	0.93	0.11	0.04	0.02	1	2	6	11	14
热点前沿 4	1.85	1.07	1.45	0.18	0.00	1	3	2	7	28
热点前沿 5	0.08	0.26	0.04	0.02	2.63	8	5	12	16	1
热点前沿 6	3.15	1.21	0.39	0.01	—	1	2	4	13	—
热点前沿 7	2.90	0.55	0.13	0.17	0.01	1	2	10	7	18
热点前沿 8	2.99	0.14	0.02	0.02	0.01	1	5	14	13	17
热点前沿 9	1.73	0.01	0.52	0.61	0.01	1	16	5	4	15
热点前沿 10	2.58	0.21	0.01	0.00	0.00	1	2	25	21	41
新兴前沿 1	3.57	0.02	—	—	—	1	7	—	—	—
新兴前沿 2	3.70	0.06	0.32	1.70	0.12	1	9	3	2	5

12.3.10 经济学、心理学及其他社会科学领域：美国活跃优势明显，中国快步跟进

在经济学、心理学及其他社会科学领域，美国的国家研究前沿热度指数得分为 24.73 分，稳居第 1 名，活跃程度最高。英国和澳大利亚以 7.59 分和 4.28 分，排名第 2 和第 3。前 3 名在三级指标上的排名完全一致。中国得分为 3.40 分，排名第 4（表 12.32）。

表 12.32 经济学、心理学及其他社会科学领域 Top5 国家研究前沿热度指数及分指标与排名

指标名称	得分					排名				
	美国	英国	澳大利亚	中国	比利时	美国	英国	澳大利亚	中国	比利时
国家研究前沿热度指数	24.73	7.59	4.28	3.40	2.59	1	2	3	4	5
国家贡献度	12.39	4.26	2.48	2.16	1.32	1	2	3	4	6
国家核心论文份额	6.89	2.66	1.64	0.93	0.89	1	2	3	4	5
国家施引论文份额	5.50	1.60	0.84	1.23	0.43	1	2	4	3	8
国家影响度	12.34	3.33	1.80	1.24	1.27	1	2	3	6	5
国家核心论文被引频次份额	7.72	2.02	1.18	0.69	0.84	1	2	3	8	5
国家施引论文被引频次份额	4.62	1.31	0.62	0.55	0.43	1	2	3	5	6

在该领域的 11 个研究前沿中，美国除在热点前沿 1 和 6 两个前沿的研究前沿热度指数得分在第 4 和第 8 名，热点前沿 3 的得分排名在第 2 外，其他前沿均排名第 1。英国除了热点前沿 10 排名第 4 外，其他 10 个前沿均排名前 3。澳大利亚在 3 个前沿排名前 3。中国除在热点前沿 6 排名第 1，热点前沿 7 排名第 3 外，其他前沿的排名均靠后。比利时在热点前沿 1 排名第 1（表 12.33 和表 12.34）。

表 12.33 经济学、心理学及其他社会科学领域热点前沿和新兴前沿基本信息

类型和序号	前沿名称	核心文献/篇	被引频次	核心文献平均出版年
热点前沿 1	精神分裂的干预与训练治疗	19	877	2015.5
热点前沿 2	社会阶层以及社会问题导致的心理和行为研究	21	1014	2015.3
热点前沿 3	网络游戏成瘾的 DSM-5 模型	19	929	2015.3
热点前沿 4	医生职业倦怠研究	21	1626	2015.2
热点前沿 5	睡眠与记忆巩固	22	2171	2014.9
热点前沿 6	群体决策一致性的模糊语言建模	22	1198	2014.9
热点前沿 7	大数据背景下的管理学问题研究	10	843	2014.9
热点前沿 8	医疗保险中医院再入院率降低政策的效果评估	24	1264	2014.8
热点前沿 9	医疗资源分配与医疗可持续性	15	1148	2014.8
热点前沿 10	科学研究与教育的性别差异（女性研究）	18	1239	2014.7
新兴前沿 1	管理学研究的可靠性	8	87	2016.6

表 12.34 经济学、心理学及其他社会科学领域 Top5 国家 11 个前沿的国家研究前沿热度指数得分及排名

前沿	国家研究前沿热度指数					排名				
	美国	英国	澳大利亚	中国	比利时	美国	英国	澳大利亚	中国	比利时
前沿汇总	24.73	7.59	4.28	3.40	2.60	1	2	3	4	5
热点前沿 1	1.00	1.82	1.74	0.05	1.84	4	2	3	19	1
热点前沿 2	3.09	0.29	0.12	0.09	0.01	1	3	9	10	19
热点前沿 3	0.93	1.55	0.82	0.43	0.57	2	1	3	7	6
热点前沿 4	3.12	0.24	0.05	0.02	0.01	1	2	5	8	13
热点前沿 5	1.90	0.58	0.04	0.20	0.03	1	3	13	8	15
热点前沿 6	0.06	0.95	0.04	1.92	0.01	8	3	9	1	20
热点前沿 7	2.59	0.68	0.54	0.60	0.02	1	2	4	3	30

续表

前沿	国家研究前沿热度指数					排名				
	美国	英国	澳大利亚	中国	比利时	美国	英国	澳大利亚	中国	比利时
热点前沿 8	3.24	0.31	0.05	0.01	0.01	1	2	9	19	21
热点前沿 9	2.57	0.57	0.74	0.00	0.01	1	3	2	38	15
热点前沿 10	3.38	0.13	0.05	0.01	0.01	1	4	6	14	22
新兴前沿 1	2.85	0.47	0.09	0.07	0.08	1	2	7	9	8

第13章　中美研究前沿科研实力比较研究

改革开放以来，我国的科技事业蓬勃发展，科技实力持续增强。"六五"期间，我国SCI论文数量仅排在世界第26名。到"十五"期间我国SCI论文排名已经提高到世界第7名。"十一五"期间中国超过德国，成为世界第3名。到"十二五"期间，中国又超过英国，成为世界第2名，排名仅次于美国。近年来，我国国际科技论文数量连续多年稳居世界第2名，并获得了一系列举世瞩目的科研成果，成为具有重要影响力和竞争力的科技大国（表13.1）。

表13.1　世界主要国家SCI论文数排名

国家	"六五"时期 1981~1985年	"七五"时期 1986~1990年	"八五"时期 1991~1995年	"九五"时期 1996~2000年	"十五"时期 2001~2005年	"十一五"时期 2006~2010年	"十二五"时期 2011~2015年	"十三五"时期		
								2016年	2017年	2018年
美国	1	1	1	1	1	1	1	1	1	1
中国	26	17	15	12	7	3	2	2	2	2
英国	2	2	2	2	2	2	3	3	3	3
德国	3	3	4	4	4	4	4	4	4	4
日本	4	4	3	3	3	5	5	5	5	5
法国	6	6	5	5	5	6	6	6	6	6

资料来源：InCites数据库。

在这一系列成绩的背后，如何客观地分析、判断我国当前科技发展的真实水平，直接关系到我们对未来发展的安排和部署。事实上，"卓越科学家在最前沿所进行的领先研究"更能体现一个国家的科技先进水平。1965年文献计量学的鼻祖Derek J. de Solla Price[1]将"卓越科学家在最前沿所进行的领先研究"定义为"研究前沿"。同时他用大量的引文分析数据描述"科学研究前沿"的文献计量学本征,即研究前沿是由一组高被引论文和引用这些论文的施引论文组成的。基于de Solla Price对研究前沿的定义,ESI数据库基于引文网络数据将一个抽象的定性概念转变为可以定量的数据。

基于ESI数据库的研究前沿的数据,中国科学院与科睿唯安从2014年开始发布《研究前沿》年度研究报告,研判科技研究前沿发展的战略方向,敏锐抓住科技创新的突破口和新的生长点。《研究前沿》年度研究报告为国内外了解世界科研状态和全球卓越科学家的最新科技趋势提供了一扇窗。

2018年,中国科学院科技战略咨询研究院、中国科学院文献情报中心和科睿唯安共同发布了《2018研究前沿》[2]和《2018研究前沿热度指数》[3]两个报告,基于共被引聚类分析,遴选了100个热点前沿和38个新兴前沿,揭示了研究领域内最新发展的最受关注的研究焦点和重要研究成果。报告揭示出中国近年来在多个基础研究领域取得了突破,中国在引领的研究前沿数量上位居第2,在科技研究前沿领域也有一席之地,表现出了一定的竞争力。两个报告的发布对战略科学家和科技决策者了解国家科技发展脉络、制定科技战略规划提供了有力的事实支撑。

为了进一步了解中国与美国的差距,本书在《2018研究前沿》和《2018研究前沿热度指数》两个报告的基础上,分别从10个领域138个前沿展开中国和美国国家前沿热度指数及其分指标上的比较分析。分析主要从宏观到微观就特定领域层面到特定研究前沿层面进行,精确揭示研究活力来源,并依据两国在核心论文以及施引论文中贡献的署名通讯作者的论文数及排名判定国家在特定研究前沿的主导地位,以期从重要成果产出的层面对中美科研核心竞争力的识别和分析,解读中国与美国的差距和优势。

13.1 评价方法

《2018研究前沿》报告先将ESI数据库中21个学科领域的10 143个研究前沿划分到10个高度聚合的大学科领域中,然后对每个大学科领域中的研究前沿的核心论文,按照总被引频次进行排序,提取排在前10%的最具引文影响力的研究前沿。以此数据为基础,再根据核心论文出版年的平均值重新排序,找出那些"最年轻"的研究前沿。通过上述2个步骤在每个大学科领域分别选出10个热点前沿,共计100个热点前沿。因为每个学科领域具有不同的特点和引用行为,有些学科领域中的很多研究前沿在核心论文数和总被引频次上会相对较小,所以从10个大学科领域中分别遴选出的排名前10的热点前沿,代表各大学科领域中最具影响度的研究前沿,但并不一定代表跨数据库(所有学科)中最大最热的研究前沿。《2018研究前沿》还从研究前沿中选取核心论文平均出版年在2016年6月之后的研究前沿,按被引频次排序后选取被引频次100

次以上的研究前沿，遴选出38个新兴前沿。通过以上两种方法，显示出10个高度聚合的大学科领域中的100个热点前沿和38个新兴前沿。

首先，我们设计了国家研究前沿热度指数等相关指标，根据各国在100个热点前沿和38个新兴前沿的表现来反映各国在世界科研前沿布局中的态势。

（1）国家研究前沿热度指数，是对研究前沿有贡献的国家的核心论文和施引论文的产出规模和影响度的综合评估指标，具体计算方法为

国家研究前沿热度指数＝国家贡献度＋国家影响度

（2）国家贡献度，是一个国家对研究前沿贡献的论文数量的相对份额，包括国家参与发表的核心论文占前沿中所有核心论文的份额，以及施引论文占前沿中所有施引论文的份额。具体计算方法为

国家贡献度＝国家核心论文份额＋国家施引论文份额

（3）国家影响度，是一个国家对研究前沿贡献的论文被引频次的相对份额，包括国家参与发表的核心论文的被引频次占前沿中所有核心论文的被引频次的份额，以及施引论文的被引频次占前沿中所有施引论文的被引频次的份额。具体计算方法为

国家影响度＝国家核心论文被引频次份额＋国家施引论文被引频次份额

（4）国家核心论文贡献度（A），即国家核心论文份额。具体计算方法为

国家核心论文份额＝国家核心论文数／前沿核心论文总数

（5）国家施引论文贡献度（B），即国家施引论文份额。具体计算方法为

国家施引论文份额＝国家施引论文数／前沿施引论文总数

（6）国家核心论文影响度（C），即国家核心论文被引频次份额。具体计算方法为

国家核心论文被引频次份额＝国家核心论文被引频次／前沿核心论文总被引频次

（7）国家施引论文影响度（D），即国家施引论文被引频次份额。具体计算方法为

国家施引论文被引频次份额＝国家施引论文被引频次／前沿施引论文总被引频次

另外，为了反映国家在研究前沿的主导地位，我们又加入了2个指标：

（1）国家通讯作者核心论文贡献度（E），即每个国家在某个研究前沿署名通讯作者的核心论文数量占研究前沿核心论文数量的份额。具体计算方法为

国家通讯作者核心论文份额＝国家通讯作者核心论文数／前沿通讯作者核心论文数

（2）国家通讯作者施引论文贡献度（F），即国家通讯作者施引论文份额。具体计算方法为

国家通讯作者施引论文份额＝国家通讯作者施引论文／前沿通讯作者施引论文数量

根据国家研究前沿热度指数的数值之

间的比较，可以直观地看到中美两国的创新位势。

根据国家研究前沿热度指数的排名分析测算，我们尝试定义某个国家在该前沿的创新位势。具体方法是：研究前沿热度指数排名第 1～3 位的国家处于该前沿的创新卓越地位；研究前沿热度指数排名第 4～6 位的国家处于该前沿的创新前列地位；研究前沿热度指数排名第 7～10 位的国家处于创新行列地位；研究前沿热度指数排名第 10 位以后的国家处于该前沿的创新追赶地位。如果某国在指标 E 和 F，甚至指标 A、B、C 和 D 上均没有贡献，即研究前沿的核心论文和施引论文上均没有产出，那么则定义为该国在该前沿处于空白状态。

13.2 中美在各领域的科研实力整体比较分析

13.2.1 各指标数值及其排名

本书分别从 10 个领域展开中国和美国在《2018研究前沿》100 个热点前沿和 38 个新兴前沿，以期掌握中国与美国之间的创新位势。

在 10 个领域综合层面，美国研究前沿热度指数等 9 个指标均排名第一，中国则在 9 个指标上都稳居第二。但是从数值上来看，中美研究前沿热度指数得分分别为 118.38 分和 227.39 分，中国约为美国的一半。中国和美国的国家贡献度得分分别为 69.36 分和 119.88 分，中国是美国的 57.86%。中国和美国的国家影响度得分分别为 49.02 分和 107.51 分，中国是美国的 45.60%。在指标 A、B、C、D 方面，中国为美国的 47.05%、73.70%、43.53% 和 50.16%。在指标 E 方面，中国是美国的 55.53%，超过美国的一半。在指标 F 方面，中国是美国的 87.05%。从上述中美 9 个指标的对比可以看出，除了施引论文的数量中国与美国的比值略高以外，其他核心论文数量和影响度，中国仅仅占美国的一半左右。因此从综合指标上可以看出中国与美国在研究前沿位势上仍存在较大差距。

从分领域来看，在化学与材料科学领域，中国除在指标 C 排名第 2 外，其余指标均排名第 1；美国在指标 C 排名第 1，其余均排名第 2。在化学与材料科学领域，中国的国家研究前沿热度指数和指标 E 相当于美国的 1.28 倍和 1.13 倍；在数学、计算机科学与工程学领域，中国这两个指标更是达到美国的 6.12 倍和 14.78 倍。由此可见，这两个领域是中国的优势领域。

在农业、植物学和动物学领域，生态学和环境科学领域，地球科学领域，中国分别有 8 个、6 个、8 个指标排名第 2，美国除在生态学和环境科学有 3 个指标排名第 2 外，其余指标均排名第 1。其中，在农业、植物学和动物学领域，中国的研究前沿热度指数为美国的 52.64%；在生态学和环境科学领域，中国的研究前沿热度指数为美国的 84.01%；而在地球科学领域，中国的研究前沿热度指数则为美国的 46.21%。由此可见，这三个领域中，中国在生态学和环境科学领域最强，地球科学领域和农业、植物学和动物学领域则仅仅占美国的一半左右。

在生物科学领域，美国的研究前沿热度指数排名第1，中国排名第4。中国的国家贡献度和国家影响度分别排名第2和第5。中国在指标E和指标F均排名第2。中国在指标A、B、C和D上排名第2～5位。但从数值上来看，中国的研究前沿热度指数仅仅为美国的23.44%。中国指标E也仅仅为美国的16.46%，中国与美国的差距仍然巨大。

在物理学领域，美国在9个指标上均排名第1。中国的研究前沿热度指数排名第3，指标E排名第2。其他7个指标也均排名第2～5位。但从数值来看，中国的研究前沿热度指数是美国的34.87%，指标E是美国的31.45%，中国在重要成果的产出上仅仅相当于美国的1/3。

在临床医学领域，美国在9个指标上均排名第1。中国的研究前沿热度指数排名第10。从数值上来看，中国的研究前沿热度指数仅仅为美国的13.47%，不到1/7。指标E中国排名第4，数值相当于美国的13.03%。中国在其他7个指标的排名上略有差别。指标B中国排名第5，指标C中国则仅仅排名第15，表明在该领域有较多的研究正在跟进。

在天文学与天体物理学领域和经济学、心理学及其他社会科学领域，美国在9个指标上均排名第1。在天文学与天体物理学领域，中国研究前沿热度指数排名第19，指标E排名第12；但份额上看，这两个指标中国也仅仅相当于美国的15.90%和4.65%，特别是指标E，以中国为主导的重要成果产出，仅仅相当于美国的4.65%。在经济学、心理学及其他社会科学领域，中国的研究前沿热度指数和指标E排名第4和第3；从份额上看，这两个指标中国仅仅相当于美国的13.75%和9.83%（表13.2）。

13.2.2 创新卓越地位

在10个领域的138个前沿中，美国有118个（85.51%）创新卓越前沿、11个创新前列前沿、7个创新行列前沿、2个创新追赶前沿。中国则有54个（39.13%）创新卓越前沿、19个创新前列前沿、24个创新行列前沿、38个创新追赶前沿，处于空白状态的有3个。中国的创新卓越前沿还不到美国的一半，70.29%的前沿处于创新行列及以上（包括创新前列和创新卓越）。

就分领域来说，10个领域中，中国在2个领域处于创新卓越，5个领域处于创新行列，3个领域处于创新追赶。因此，总体来说，7个领域处于创新行列及以上水平。离2020年进入创新行列的目标已经非常接近。

其中，在化学与材料科学领域和数学、计算机科学与工程学领域，约90%的前沿已经进入创新卓越位势，这两个领域是中国的优势领域。

在农业、植物学和动物学，生态学和环境科学，地球科学，生物科学，物理学5个领域，70%以上的前沿进入创新行列

表13.2 10个领域总体及各领域中国和美国的9项指标以及发展态势对比

领域	国家	国家研究前沿热度指数	国家贡献度	国家影响度	份额 指标A	份额 指标B	份额 指标C	份额 指标D	份额 指标E	份额 指标F	排名 国家研究前沿热度指数	排名 国家贡献度	排名 国家影响度	排名 指标A	排名 指标B	排名 指标C	排名 指标D	排名 指标E	排名 指标F
10个领域综合	中国	118.38	69.36	49.02	33.52	35.84	32.18	16.85	28.38	32.13	2	2	2	2	2	2	2	2	2
	美国	227.39	119.88	107.51	71.25	48.63	73.92	33.59	51.11	36.91	1	1	1	1	1	1	1	1	1
农业、植物学和动物学	中国	8.07	4.91	3.16	2.43	2.48	2.03	1.13	1.88	2.14	2	2	2	2	2	2	2	2	2
	美国	15.33	7.80	7.54	4.48	3.32	5.27	2.27	3.03	2.46	1	1	1	1	1	1	2	1	1
生态学和环境科学	中国	11.82	7.03	4.78	3.56	3.47	3.31	1.48	3.10	3.16	2	2	2	2	2	3	2	1	1
	美国	14.07	7.41	6.66	4.22	3.19	4.52	2.13	2.74	2.22	2	2	2	2	1	2	1	2	2
地球科学	中国	9.93	6.00	3.92	3.03	2.98	2.72	1.20	2.38	2.53	2	2	2	2	2	3	2	2	2
	美国	21.49	11.55	9.94	6.94	4.61	7.10	2.84	4.27	3.12	1	1	1	1	1	1	1	1	3
临床医学	中国	5.58	3.37	2.21	1.51	1.85	1.35	0.86	1.14	1.58	10	9	13	12	5	15	12	4	1
	美国	41.44	21.38	20.05	12.60	8.78	12.49	7.57	8.75	7.16	1	1	1	1	1	1	1	1	2
生物科学	中国	9.08	5.57	3.51	2.46	3.12	2.17	1.33	1.74	2.72	4	2	5	4	2	5	4	2	1
	美国	38.73	21.00	17.73	12.19	8.81	11.37	6.36	10.57	7.24	1	1	1	1	1	1	1	1	1
化学与材料科学	中国	28.66	16.52	12.14	7.52	9.01	7.45	4.68	7.28	8.51	1	1	2	2	1	2	1	1	1
	美国	22.37	11.54	10.83	7.31	4.23	8.02	2.81	6.47	3.43	2	2	2	2	3	1	2	2	2
物理学	中国	6.12	3.73	2.39	1.84	1.89	1.93	0.46	1.17	1.60	3	3	4	4	3	4	5	2	2
	美国	17.55	9.73	7.81	6.06	3.68	6.39	1.42	3.72	2.71	1	1	1	1	1	1	1	1	1

第13章 中美研究前沿科研实力比较研究

续表

领域	国家	份额									排名								
		国家研究前沿热度指数	国家贡献度	国家影响度	指标A	指标B	指标C	指标D	指标E	指标F	国家研究前沿热度指数	国家贡献度	国家影响度	指标A	指标B	指标C	指标D	指标E	指标F
天文学与天体物理学	中国	4.22	2.21	2.01	0.88	1.33	1.09	0.92	0.23	0.89	19	17	21	24	6	24	10	12	4
	美国	26.54	14.27	12.27	8.93	5.34	9.30	2.97	4.95	3.33	1	1	1	1	1	1	1	1	1
数学、计算机科学与工程学	中国	31.52	17.85	13.67	9.36	8.49	9.44	4.23	8.87	7.96	1	1	1	1	1	1	1	1	1
	美国	5.15	2.81	2.34	1.63	1.18	1.74	0.60	0.60	0.47	2	2	2	2	2	2	2	3	2
经济学、心理学及其他社会科学	中国	3.40	2.16	1.24	0.93	1.23	0.69	0.55	0.59	1.05	4	4	6	4	3	8	5	3	2
	美国	24.73	12.39	12.34	6.89	5.49	7.73	4.62	6.00	4.76	1	1	1	1	1	1	1	1	1

注：指标A为国家核心论文贡献度，指标B为国家施引论文贡献度，指标C为国家核心论文影响度，指标D为国家施引论文影响度，指标E为国家通讯作者核心论文贡献度，指标F为国家通讯作者施引论文贡献度；指标A、C、E为三个核心论文指标，指标B、D、F为三个施引论文指标。

及以上，那么可以说这 5 个领域目前处于创新行列。一半以上的前沿进入创新前列（包括创新卓越）状态。其中，农业、植物学和动物学，生态学和环境科学，地球科学 3 个领域接近一半（45.45%）的前沿进入创新卓越状态。

在经济学、心理学及其他社会科学，临床医学，天文学与天体物理学 3 个领域，仅仅有个别前沿进入创新卓越状态，多数前沿尚未进入创新前列，仍处在创新行列或创新追赶状态，甚至个别前沿处于空白状态，处于创新追赶状态的前沿比例分别为 36.36%、57.14% 和 75.00%。相对来说，经济学、心理学及其他社会科学领域的表现优于其他两个领域，45.45% 的前沿进入创新行列（表 13.3）。

表 13.3 10 个领域总体及各领域中国和美国的创新卓越前沿分析

序号	领域	研究前沿数/个	国家	创新卓越前沿		创新前列前沿		创新行列前沿		创新追赶前沿		空白
				数量/个	比例/%	数量/个	比例/%	数量/个	比例/%	数量/个	比例/%	数量/个
	10 个领域综合	138	中国	54	39.13	19	13.77	24	17.39	38	27.54	3
			美国	118	85.51	11	7.97	7	5.07	2	1.45	0
1	农业、植物学和动物学	11	中国	5	45.45	1	9.09	3	27.27	2	18.18	0
			美国	9	81.82	1	9.09	1	9.09	0	0.00	0
2	生态学和环境科学	11	中国	5	45.45	2	18.18	1	9.09	3	27.27	0
			美国	10	90.91	1	9.09	0	0.00	0	0.00	0
3	地球科学	11	中国	5	45.45	1	9.09	4	36.36	1	9.09	0
			美国	10	90.91	0	0.00	0	0.00	1	9.09	0
4	临床医学	21	中国	1	4.76	3	14.29	2	9.52	12	57.14	3
			美国	20	95.24	1	4.76	0	0.00	0	0.00	0
5	生物科学	20	中国	7	35.00	6	30.00	4	20.00	3	15.00	0
			美国	18	90.00	2	10.00	0		0		0
6	化学与材料科学	18	中国	16	88.89	1	5.56	0	0.00	1	5.56	0
			美国	15	83.33	1	5.56	2	11.11	0	0.00	0
7	物理学	11	中国	2	18.18	4	36.36	2	18.18	3	27.27	0
			美国	11	100.00	0	0.00	0		0		0
8	天文学与天体物理学	12	中国	0	0.00	1	8.33	2	16.67	9	75.00	0
			美国	11	91.67	0	0.00	1	8.33	0		0
9	数学、计算机科学与工程学	12	中国	11	91.67	0	0.00	1	8.33	0		0
			美国	5	41.67	4	33.33	2	16.67	1	8.33	0

续表

序号	领域	研究前沿数/个	国家	创新卓越前沿		创新前列前沿		创新行列前沿		创新追赶前沿		空白
				数量/个	比例/%	数量/个	比例/%	数量/个	比例/%	数量/个	比例/%	数量/个
10	经济学、心理学及其他社会科学	11	中国	2	18.18	0	0.00	5	45.45	4	36.36	0
			美国	9	81.82	1	9.09	1	9.09	0	0.00	0

13.3 中美在各主要领域具体前沿科研实力比较分析

13.3.1 农业、植物学和动物学领域

农业、植物学和动物学领域共遴选出 11 个前沿，根据中国的表现可以分为 4 组，分别是 5 个创新卓越前沿（占比 45.45%），1 个创新前列前沿，3 个创新行列前沿，2 个创新追赶前沿。

第 1 组为中国处于创新卓越的 5 个前沿，均处于第 1～3 名。热点前沿"作物产量相关性状的遗传网络分析"，中国在该指标均排名第 1；美国在研究前沿热度指数排名第 2，指标 E 排名第 4，其他指标排名第 2 或第 3。热点前沿"饲料添加剂对鱼类免疫力的增强作用"，中国研究前沿热度指数排名第 1，指标 E 排名第 2，其他指标排名第 1 或第 2；美国热度指数排名第 2，指标 E 空白，其他指标排名第 1～5 位。热点前沿"CRISPR/Cas9 基因编辑技术在作物基因组编辑中的应用"，中国研究前沿热度指数排名第 2，指标 E 中国与美国排名并列第 1，在其他指标上中国均排名第 2；美国 9 个指标均排名第 1。新兴前沿"新型 CRISPR 基因编辑技术在植物基因组编辑中的应用"，中国研究前沿热度指数排名第 2，美国第 1，指标 E 中国排名第 1；美国排名第 2，其他指标的第 1、第 2 名也都被中美包揽。热点前沿"纳米乳液研发及其在食品工业中的应用"，中国研究前沿热度指数排名第 3，指标 E 排名第 2，其他指标均排名第 1～4 位；美国除在指标 F 排名第 2 外，其余所有指标均排名第 1。

第 2 组为中国处于创新前列的 1 个前沿。热点前沿"斑翅果蝇的入侵生物学和防治策略"，中国研究前沿热度指数排名第 6，指标 E 排名第 4，其他指标排名第 5～12 位；美国所有指标都排名第 1。

第 3 组为中国处于创新行列的 3 个前沿，在这些前沿上中国缺乏核心论文，但施引论文已经在跟进。热点前沿"叶绿素荧光遥感在植物初级生产力模拟中的应用"，中国研究前沿热度指数排名第 7，指标 E 排名第 4，其他指标排名第 2～12 位，跨度较大，其中影响度排名较低；美国在 9 个指标上均排名第 1。热点前沿"根际微生物群落及其与植物间的互作"，中国研究前沿热度指数排名第 9，指标 E 空白，其他指标排名第 2～17 位；美国

除指标C排名第2外，其余指标均排名第1。热点前沿"植物中药用化合物生物合成的基因调控"，中国研究前沿热度指数排名第10，指标A、C、E三个核心论文指标均空白，表明中国在该前沿没有重要成果产出，指标B、D、F三个施引论文指标排名第2或第7，而美国在9个指标均排名第1或2。中药作为中国的传统医药，当前的研究实在不能令人满意，中国应检讨重要创新的路径和发展模式。首先运用科学的方法分析测定重要发挥治疗疾病效用的化合物成分及其结构，然后运用先进的基因调控技术对有效药用化合物进行高效的生物合成。

第4组为中国处于创新追赶的2个前沿。热点前沿"食品和动物饲料中霉菌毒素污染及其毒性研究"，中国研究前沿热度指数排名第13，指标A、C、E三个核心论文指标均空白，指标B、D、F三个施引论文指标排名第1或第7；美国研究前沿热度指数排名第8，指标E排名第6，其他指标排名第2～15位。热点前沿"林木树种混交对林分质量和生产力的影响"，中国研究前沿热度指数排名第19，指标A、C、E三个核心论文指标均空白，其他指标排名第5～20位；美国热度指数排名第5，指标E空白，其他指标排名第2～13位（表13.4）。

13.3.2　生态与环境科学领域

生态与环境科学领域共遴选出11个前沿，包括10个热点前沿和1个新兴前沿。根据中国的表现可以分为4组，包括中国处在创新卓越地位的5个前沿（占比45.45%），处于创新前列地位的2个前沿，处于创新行列的1个前沿和处于创新追赶的3个前沿。

第1组为中国处于创新卓越的5个前沿，这些前沿中国的排名均在第1或第2名，中国是这些前沿的引领者之一。热点前沿"氧化石墨烯清除水体放射性核素"，中国所有指标都排名第1；美国研究前沿热度指数排名第3，指标E排名第3，其他指标都是排名第2或第3。热点前沿"电子废弃物中的金属回收技术"，中国所有指标都排名第1；美国研究前沿热度指数排名第3，指标E排名第3，其他指标排名第2～6位。热点前沿"利用过渡金属与纳米技术催化活化过硫酸盐降解水中污染物"，中国所有指标都排名第1；美国研究前沿热度指数排名第3，指标E通讯作者核心论文数为0篇，其他指标排名第2或第3。热点前沿"电容去离子技术脱除水中盐分"，中国研究前沿热度指数和指标E均排名第1，其他指标排名第1或第2；美国研究前沿热度指数和指标E均排名第4，其他指标排名第2～5位。热点前沿"抗生素抗性基因的来源与环境归趋"，中国研究前沿热度指数排名第2，指标E排名第1，其他指标排名也是第1或第2；美国热度指数排名第1，指标E排名第2，其他指标排名也是第1或第2，二者竞争激烈。

第2组为中国处于创新前列的2个前沿。新兴前沿"微生物燃料电池技术用于废水处理"，中国研究前沿热度指数排名

第13章 中美研究前沿科研实力比较研究

表13.4 农业、植物学和动物学领域11个前沿中国和美国9个指标得分和排名对比

序号	前沿名称	国家	得分					排名									得分					
			国家研究前沿热度指数	国家贡献度	国家影响度	国家研究前沿热度指数	国家贡献度	国家影响度	指标A	指标B	指标C	指标D	指标E	指标F	指标A	指标B	指标C	指标D	指标E	指标F
1	作物产量相关性状的遗传网络分析	中国	1.88	1.10	0.78	1	1	1	1	1	1	1	1	1	0.67	0.44	0.46	0.32	0.61	0.40
		美国	0.98	0.42	0.56	2	2	2	2	2	3	1	4	2	0.22	0.20	0.36	0.20	0.06	0.13
2	斑翅果蝇的入侵生物学和防治策略	中国	0.31	0.13	0.18	6	7	5	6	12	5	8	4	12	0.11	0.03	0.15	0.03	0.05	0.02
		美国	1.91	1.13	0.78	1	1	1	2	1	1	1	1	1	0.68	0.45	0.58	0.20	0.63	0.39
3	叶绿素荧光遥感在植物初级生产力模拟中的应用	中国	0.61	0.46	0.15	7	5	13	6	2	13	11	4	2	0.21	0.25	0.10	0.05	0.07	0.16
		美国	2.59	1.34	1.25	1	1	2	1	1	1	1	1	1	0.79	0.55	0.93	0.32	0.50	0.37
4	CRISPR/Cas9基因编辑技术在作物基因组编辑中的应用	中国	1.27	0.73	0.54	2	2	2	2	2	2	2	2	2	0.42	0.31	0.42	0.12	0.36	0.26
		美国	1.84	0.95	0.89	1	1	1	—	2	—	7	1	—	0.57	0.38	0.69	0.20	0.36	0.30
5	植物中药用化合物生物合成的基因调控	中国	0.24	0.18	0.06	10	9	14	—	2	—	2	2	2	0.00	0.18	0.00	0.06	0.00	0.16
		美国	1.20	0.57	0.63	2	2	2	5	1	2	1	1	1	0.31	0.26	0.41	0.22	0.19	0.21
6	饲料添加剂对鱼免疫力的增强作用	中国	0.99	0.57	0.42	3	4	2	3	1	4	2	2	1	0.29	0.28	0.25	0.17	0.14	0.27
		美国	0.87	0.30	0.57	2	2	3	2	2	—	1	—	2	0.15	0.15	0.35	0.22	0.00	0.11
7	纳米乳液研发及其在食品工业中的应用	中国	0.78	0.51	0.27	3	2	3	3	2	4	4	2	1	0.24	0.27	0.16	0.11	0.18	0.23
		美国	2.21	1.07	1.14	1	1	1	1	1	1	1	1	1	0.79	0.28	0.88	0.26	0.64	0.22
8	林木树种混交对林分质量和生产力的影响	中国	0.14	0.11	0.03	19	18	20	13	8	—	16	—	5	0.00	0.11	0.00	0.03	0.00	0.07
		美国	0.71	0.34	0.37	5	6	5	5	2	5	2	—	2	0.13	0.21	0.18	0.19	0.00	0.10

117

续表

序号	前沿名称	国家	得分			排名							得分					
			国家研究热度前沿指数	国家贡献度	国家影响度	国家研究热度前沿指数	国家贡献度	国家影响度	指标A	指标B	指标C	指标D	指标E	指标F	指标A	指标B	指标C	指标D	指标E	指标F
9	根际微生物群落及其与植物间的互作	中国	0.22	0.17	0.05	9	6	15	15	2	17	5	—	2	0.02	0.15	0.02	0.03	0.00	0.13
		美国	1.11	0.61	0.50	1	1	1	1	1	2	1	1	1	0.36	0.25	0.37	0.13	0.30	0.18
10	食品和动物饲料中毒菌毒素污染及其毒性研究	中国	0.19	0.13	0.06	13	10	17	—	1	—	7	—	1	0.00	0.13	0.00	0.06	0.00	0.12
		美国	0.35	0.20	0.15	8	5	7	9	2	15	2	6	3	0.08	0.12	0.06	0.09	0.04	0.07
11	新型 CRISPR 基因编辑技术在植物基因组编辑中的应用	中国	1.43	0.80	0.63	2	2	2	1	2	1	2	1	2	0.47	0.35	0.47	0.16	0.47	0.33
		美国	1.57	0.87	0.70	1	1	1	2	1	2	1	2	1	0.41	0.46	0.46	0.24	0.33	0.39

注：指标 A 为国家核心论文贡献度，指标 B 为国家施引论文贡献度，指标 C 为国家核心论文影响度，指标 D 为国家施引论文影响度，指标 E 为国家通讯作者核心论文影响度，指标 F 为国家通讯作者施引论文指标；指标 A、C、E 为三个核心论文指标，指标 B、D、F 为三个施引论文指标。表中"—"代表空白，余同。

第5，指标A、C、E三个核心论文指标均空白，指标B、D、F三个施引论文指标排名第1或第4；美国研究前沿热度指数和指标E均排名第1，其他指标也排名第1或第2。热点前沿"环境DNA宏条形码技术监测生物多样性"，中国研究前沿热度指数和指标E均排名第6，其他指标排名第5~8位；美国所有指标都排名第1。

第3组是中国处于创新行列的1个前沿。热点前沿"土壤水分和陆地蒸散的遥感监测"，中国研究前沿热度指数排名第8，指标E排名第5，其他指标排名第1~10位；美国研究前沿热度指数排名第1，指标E排名第2，其他指标排名第1或第2。

第4组是中国处于创新追赶的3个前沿。热点前沿"用于物种多样性研究的系统发育方法"，中国研究前沿热度指数排名第13，指标A、C、E三个核心论文指标均空白，指标B、D、F三个施引论文指标排名第10~12位；美国所有指标都排名第1。热点前沿"外来物种入侵的影响与管控"，中国研究前沿热度指数排名第18，指标E空白，其他指标排名第11~22位；美国热度指数排名第3，指标E排名第2，其他指标排名第1~7位。热点前沿"森林外生菌根真菌在森林土壤碳循环中的作用"，中国研究前沿热度指数排名第18，指标A、C、E三个核心论文指标均空白，指标B、D、F三个施引论文指标排名第2~8位；美国研究前沿热度指数和指标E均排名第2，其他指标

排名第1或第2（表13.5）。

13.3.3 地球科学领域

地球科学领域共遴选出11个前沿，包括10个热点前沿和1个新兴前沿。根据中国的表现可以分为4组，包括中国处于创新卓越的5个前沿（占比45.45%），处于创新前列的1个前沿，处于创新行列的4个前沿和1个创新追赶前沿。

第1组为中国处于创新卓越的5个前沿。热点前沿"基于深度学习的高分辨率遥感影像的场景分类"，中国所有指标都排名第1；美国研究前沿热度指数和指标E均排名第2，其他指标排名第2或第3。热点前沿"中国各地区煤中稀土元素地球化学特征"，中国所有指标均排名第1，美国所有指标均排名第2。热点前沿"利用热带降雨测量任务和全球降水测量任务开展全球多地区降水分析"，中国研究前沿热度指数排名第2，指标E排名第1，其他指标排名第2或第3；美国研究前沿热度指数排名第1，其他指标均排名第1或第2。热点前沿"元古代时期大气和海洋氧化研究"，中国研究前沿热度指数排名第3，指标E排名第5，其他指标排名第2~5位；美国所有指标都排名第1。热点前沿"基于GIS的滑坡敏感性评价研究"，中国研究前沿热度指数和指标E均排名第3，其他指标排名第1~9位；美国研究前沿热度指数排名第12，指标E排名第8，其他指标排名第6~14位。

第2组为中国处于创新前列的1个前沿，美国在领跑这一前沿。新兴前沿"基

表 13.5 生态与环境科学领域 11 个前沿中国和美国 9 个指标得分和排名对比

序号	前沿名称	国家	得分					排名					得分					
			国家研究前沿热度指数	国家贡献度	国家影响度	国家研究前沿热度指数	国家贡献度	国家影响度	指标A	指标B	指标C	指标D	指标E	指标F	指标A	指标B	指标C	指标D	指标E	指标F
1	外来物种入侵的影响与管控	中国	0.22	0.14	0.08	18	16	20	15	14	18	22	—	11	0.09	0.05	0.06	0.02	0.00	0.03
		美国	1.29	0.53	0.76	3	3	3	7	1	3	1	2	1	0.21	0.32	0.50	0.26	0.08	0.23
2	氧化石墨烯清除水体放射性核素	中国	2.79	1.60	1.19	1	1	1	1	1	1	1	2	1	0.91	0.69	0.89	0.30	0.87	0.66
		美国	0.52	0.28	0.24	3	3	3	3	2	1	2	3	2	0.13	0.15	0.16	0.08	0.09	0.10
3	利用过渡金属与纳米技术催化活化过硫酸盐降解水中污染物	中国	2.35	1.39	0.96	1	1	1	1	1	1	1	1	1	0.74	0.65	0.70	0.26	0.72	0.63
		美国	0.38	0.18	0.20	3	3	3	3	2	3	3	—	2	0.08	0.10	0.15	0.05	0.00	0.05
4	电子废弃物中的金属回收技术	中国	1.70	0.99	0.71	3	3	3	3	2	6	2	3	1	0.62	0.37	0.49	0.22	0.52	0.36
		美国	0.45	0.26	0.19	3	3	5	—	3	—	3	3	4	0.17	0.09	0.10	0.09	0.07	0.05
5	森林外生菌真菌在森林土壤碳循环中的作用	中国	0.21	0.13	0.08	18	9	21	2	3	—	8	—	2	0.00	0.13	0.00	0.08	0.00	0.10
		美国	1.61	0.85	0.76	2	2	2	2	1	2	1	2	1	0.45	0.39	0.46	0.30	0.27	0.27
6	环境DNA宏条形码技术监测生物多样性	中国	0.29	0.15	0.14	6	8	5	7	7	5	8	6	5	0.06	0.09	0.12	0.02	0.04	0.06
		美国	1.36	0.84	0.52	1	1	1	1	1	1	1	1	1	0.49	0.35	0.42	0.10	0.44	0.25
7	用于物种多样性研究的系统发育方法	中国	0.06	0.04	0.02	13	13	13	—	11	—	12	—	10	0.00	0.04	0.00	0.02	0.00	0.03
		美国	2.23	1.26	0.97	1	1	1	1	1	1	1	1	1	0.70	0.56	0.62	0.35	0.70	0.42
8	土壤水分和陆地蒸散的遥感监测	中国	0.80	0.46	0.34	8	5	8	10	2	8	5	5	1	0.17	0.29	0.22	0.12	0.08	0.24
		美国	1.85	1.08	0.77	1	1	1	1	1	2	1	2	2	0.67	0.41	0.49	0.28	0.17	0.22

续表

序号	前沿名称	国家	得分			排名			得分					
			国家研究前沿热度指数	国家贡献度	国家影响度	国家研究前沿热度指数	国家贡献度	国家影响度	指标A	指标B	指标C	指标D	指标E	指标F
9	抗生素抗性基因的来源与环境归趋	中国	1.43	0.90	0.53	2	1	2	1	1	2	2	1	1
		美国	1.83	0.82	1.01	1	2	1	1	2	1	1	2	2
10	电容去离子技术脱除水中盐分	中国	1.51	0.88	0.63	1	1	2	1	1	2	2	1	1
		美国	0.64	0.42	0.22	4	3	5	4	2	5	1	4	—
11	微生物燃料电池技术用于废水处理	中国	0.45	0.34	0.11	5	3	6	—	—	—	4	—	1
		美国	1.90	0.89	1.01	1	1	1	1	2	1	1	1	2

序号			得分					
			指标A	指标B	指标C	指标D	指标E	指标F
9		中国	0.53	0.37	0.38	0.15	0.53	0.34
		美国	0.53	0.29	0.76	0.25	0.24	0.22
10		中国	0.45	0.43	0.45	0.18	0.33	0.39
		美国	0.22	0.20	0.14	0.08	0.11	0.13
11		中国	0.00	0.34	0.00	0.11	0.00	0.32
		美国	0.57	0.32	0.73	0.28	0.57	0.28

注：指标A为国家核心论文贡献度，指标B为国家施引论文贡献度，指标C为国家核心论文影响度，指标D为国家施引论文影响度，指标E为国家通讯作者核心论文贡献度，指标F为国家通讯作者施引论文贡献度。指标A、C、E为三个核心论文指标，指标B、D、F为三个施引论文指标。

于 N-ICE2015 等观测数据的冬季北极变暖和海冰减少研究"，中国研究前沿热度指数排名第 4，指标 E 排名第 2，其他指标都排名第 3～6 位；美国研究前沿热度指数排名第 2，指标 E 排名第 3，其他指标排名第 1 或第 2。

第 3 组为中国处于创新行列的 4 个前沿。中国在这些前沿中没有贡献核心论文，但均有施引论文在跟进研究，美国在领跑这些前沿。热点前沿"2015 年尼泊尔喜马拉雅逆冲断层的廓尔喀地震研究"，中国研究前沿热度指数排名第 7，指标 E 空白，其他指标排名第 2～7 位；美国所有指标都排名第 1。热点前沿"地下流体注入诱发美国多地地震机理研究"，中国研究前沿热度指数排名第 7，指标 A、C、E 均空白，其他指标排名第 2～10 位；美国所有指标都排名第 1。热点前沿"基于 CMIP5 模式的气候敏感性估计"，中国研究前沿热度指数排名第 8，指标 E 空白，其他指标排名第 6～11 位；美国所有指标都排名第 1。热点前沿"利用好奇号开展盖尔陨石坑的岩石矿物学研究"，中国研究前沿热度指数排名第 9，指标 E 空白，其他指标排名第 5～15 位；美国所有指标都排名第 1。

第 4 组为中国处于创新追赶的 1 个前沿。热点前沿"全球内陆水域的 CO_2 排放研究"，中国研究前沿热度指数排名第 12，指标 A、C、E 均空白，其余指标都排名第 2～14 位；美国所有指标都排名第 1 或第 2（表 13.6）。

13.3.4　临床医学领域

临床医学领域包括 10 个热点前沿和 11 个新兴前沿。美国均处于创新卓越地位。中国仅仅有 1 个新兴前沿"长链非编码 RNA 与肿瘤进展及预后关系"进入创新卓越行列，占 4.76%。中国进入创新前列的有 3 个前沿，进入创新行列的有 2 个前沿，12 个前沿处于创新追赶状态，占 57.14%，也就是说，该领域一半以上的前沿处于创新追赶状态，更有 3 个前沿中国尚未进入研究前沿，仍处在空白状态。

10 个热点前沿中，根据中国的表现可以分为 2 组。第 1 组为中国处于创新前列的 2 个热点前沿。热点前沿"高血压强化降压治疗"，中国研究前沿热度指数排名第 6，指标 E 排名第 3，其他指标排名第 4～9 位；美国 7 个指标排名第 1，只有指标 E 排名第 2，指标 A 排名第 10。热点前沿"含钆造影剂脑部钆沉淀风险"，中国研究前沿热度指数排名第 6，指标 E 空白，其他指标排名第 6～10 位；美国有 8 个指标排名第 1，只有指标 C 排名第 2。

第 2 组为中国处于创新追赶的 8 个热点前沿，中国在这些前沿没有核心论文入选，但有施引论文入选。热点前沿"放射性核素标记 PSMA 靶向治疗去势抵抗性前列腺癌"，中国研究前沿热度指数排名第 13，指标 A、C、E 均空白，其他指标排名第 10～15 位；美国所有指标都排名第 2。热点前沿"生物可吸收药物洗脱支架治疗冠心病疗效"，中国研究前沿热度指数排名第 15，指标 E 排名第 9，其他指

表 13.6 地球科学领域 11 个前沿中国和美国 9 个指标得分和排名对比

序号	前沿名称	国家	得分 国家研究前沿热度指数	国家贡献度	国家影响度	排名 国家研究前沿热度指数	国家贡献度	国家影响度	指标A	指标B	指标C	指标D	指标E	指标F	得分 指标A	指标B	指标C	指标D	指标E	指标F
1	基于深度学习的高分辨率遥感影像的场景分类	中国	2.87	1.70	1.17	1	1	1	1	1	1	1	1	1	0.89	0.81	0.87	0.30	0.89	0.76
		美国	0.54	0.32	0.22	2	2	3	2	2	2	3	2	2	0.18	0.14	0.19	0.03	0.05	0.05
2	基于CMIP5模式的气候敏感性估计	中国	0.16	0.13	0.03	8	7	10	7	8	7	11	—	6	0.06	0.07	0.01	0.02	0.00	0.03
		美国	2.41	1.35	1.06	2	2	1	2	2	2	2	1	1	0.76	0.59	0.63	0.43	0.38	0.43
3	2015年尼泊尔草马拉雅逆冲断层的喀尔喀略地震研究	中国	0.53	0.31	0.22	7	6	6	7	2	6	7	—	2	0.07	0.24	0.17	0.05	0.00	0.19
		美国	1.85	0.97	0.88	1	1	1	1	1	1	1	2	1	0.64	0.33	0.68	0.20	0.50	0.22
4	中国各地区煤中稀土元素地球化学特征	中国	2.57	1.39	1.18	1	1	1	2	2	2	2	2	1	0.80	0.59	0.83	0.35	0.67	0.53
		美国	1.74	0.88	0.86	2	2	2	2	2	2	2	—	2	0.66	0.22	0.69	0.17	0.13	0.10
5	利用好奇号开展盖尔陨石坑的岩石矿物学研究	中国	0.16	0.08	0.08	9	9	10	9	7	10	15	—	5	0.04	0.04	0.07	0.01	0.00	0.03
		美国	3.05	1.71	1.34	1	1	1	1	1	1	1	1	1	1.00	0.71	1.00	0.34	0.88	0.52
6	元古代时期大气和海洋氧化研究	中国	0.75	0.49	0.26	3	3	3	3	2	4	4	5	2	0.29	0.20	0.18	0.08	0.04	0.14
		美国	2.32	1.27	1.05	1	1	1	1	1	1	1	1	1	0.75	0.52	0.76	0.29	0.54	0.35
7	地下流体注入诱发美国多地地震机理研究	中国	0.10	0.09	0.01	7	5	10	—	3	—	9	—	1	0.00	0.09	0.00	0.01	0.00	0.07
		美国	2.80	1.49	1.31	1	1	2	1	1	1	1	1	1	0.90	0.59	0.98	0.33	0.85	0.51
8	利用热带降雨测量任务和全球降水测量任务开展全球多地区降水分析	中国	1.36	0.83	0.53	2	2	2	2	2	3	2	2	2	0.54	0.29	0.33	0.20	0.54	0.27
		美国	2.63	1.38	1.25	1	1	1	1	1	1	1	1	1	0.85	0.53	0.85	0.40	0.38	0.36

续表

序号	前沿名称	国家	得分			排名			得分					
			国家研究前沿热度指数	国家贡献度	国家影响度	国家研究前沿热度指数	国家贡献度	国家影响度	指标A	指标B	指标C	指标D	指标E	指标F
9	全球内陆水域的CO_2排放研究	中国	0.25	0.16	0.09	12	10	14	—	2	—	12	—	2
		美国	2.36	1.11	1.25	1	1	1	1	1	2	1	1	1
10	基于GIS的滑坡敏感性评价研究	中国	0.57	0.45	0.12	3	3	7	5	5	9	3	3	1
		美国	0.12	0.10	0.02	12	9	14	12	6	14	11	8	8
11	基于N-ICE2015等观测数据的冬季北极变暖和海冰减少研究	中国	0.61	0.38	0.23	4	4	4	4	3	4	6	2	3
		美国	1.67	0.97	0.70	2	2	2	2	1	2	1	3	1

序号	得分					
	指标A	指标B	指标C	指标D	指标E	指标F
9	0.00	0.16	0.00	0.09	0.00	0.12
	0.67	0.44	0.82	0.43	0.44	0.31
10	0.19	0.26	0.08	0.04	0.09	0.22
	0.04	0.06	0.01	0.01	0.03	0.03
11	0.14	0.24	0.17	0.06	0.14	0.17
	0.50	0.47	0.49	0.21	0.07	0.26

注：指标A为国家核心论文贡献度，指标B为国家施引论文贡献度，指标C为国家核心论文影响度，指标D为国家施引论文影响度，指标E为国家通讯作者核心论文贡献度，指标F为国家通讯作者施引论文贡献度；指标A、C、E为三个核心论文指标，指标B、D、F为三个施引论文指标。

标排名第 7～17 位；美国研究前沿热度指数和指标 E 均排名第 2，其他指标排名第 1 或第 2。热点前沿"人工胰腺闭环控制糖尿病临床研究"，中国研究前沿热度指数排名第 16，指标 A、C、E 均空白，其他指标排名第 12～16 位；美国所有指标都排名第 1。热点前沿"特发性肺纤维化突破性新药：Nintedanib"，中国研究前沿热度指数排名第 17，指标 A、C、E 均空白，其他指标排名第 5～20 位；美国所有指标都排名第 1。热点前沿"阿尔茨海默病 F-18 标记 tau 靶向 PET 成像"，中国研究前沿热度指数排名第 18，指标 A、C、E 均空白，其他指标排名第 9～19 位；美国所有指标都排名第 1。热点前沿"神经内分泌肿瘤相关研究"，中国热度指数排名第 19，指标 E 空白，其他指标排名第 6～24 位；美国所有指标都排名第 1。热点前沿"PD-1/PD-L1 抑制剂治疗非小细胞肺癌和肾细胞癌"，中国研究前沿热度指数排名第 22，指标 A、C、E 均空白，其他指标排名第 2～22 位；美国所有指标都排名第 1。热点前沿"生物类似药英夫利昔单抗（CT-P13）的疗效和安全性研究"，中国研究前沿热度指数排名第 28，指标 A、C、E 均空白，其他指标排名第 17～28 位；美国研究前沿热度指数排名第 4，指标 E 排名第 6，其他指标排名第 1～7 位。

该领域 11 个新兴前沿根据中国的表现可以分为 5 组。第 1 组是中国唯一一个位于创新卓越的新兴前沿"长链非编码 RNA 与肿瘤进展及预后关系"。在该前沿，中国所有指标都排名第 1，美国除指标 E 空白外，其余指标均排名第 2。

第 2 组为中国处于创新前列的 1 个新兴前沿。新兴前沿"轮状病毒感染致死率与轮状病毒疫苗有效性"，中国研究前沿热度指数排名第 6，指标 A、C、E 均空白，其他指标排名第 4～8 位；美国所有指标均排名第 1。

第 3 组为中国处于创新行列的 2 个新兴前沿。新兴前沿"FOLFIRI 联合西妥昔单抗或贝伐单抗治疗对 KRAS 野生型转移性结直肠癌影响"，中国研究前沿热度指数排名第 10，指标 A、C、E 均空白，其他指标排名第 4～12 位；美国除指标 C 排名第 4 外，其余指标都排名第 1。新兴前沿"临床评分识别大血管闭塞的卒中患者"，中国研究前沿热度指数排名第 10，指标 A、C、E、D 均空白，其他指标排名第 8～11 位；美国所有指标都排名第 1。

第 4 组为中国处于创新追赶的 4 个前沿。新兴前沿"肿瘤患者 PD-1/PD-L1 抗体治疗临床试验"，中国研究前沿热度指数排名第 11，指标 A、C、E 均空白，其他指标排名第 4～11 位；美国所有指标均排名第 1。新兴前沿"免疫抑制剂治疗特异性皮炎"，中国研究前沿热度指数排名第 14，指标 A、C、E 均空白，其他指标排名第 9～14 位；美国所有指标都排名第 1。新兴前沿"早期目标导向治疗（EGDT）对脓毒症休克患者预后影响"，中国研究前沿热度指数排名第 15，指标 A、C、E 均空白，其他指标排名第 7～17

位；美国研究前沿热度指数排名第 1，指标 E 排名第 2，其他指标排名第 1 或第 2。新兴前沿"BCL-2 抑制剂 Venetoclax 治疗复发或难治性慢性淋巴细胞白血病"，中国研究前沿热度指数排名第 16，指标 A、C、E、D 均空白，其他指标排名第 12～16 位；美国所有指标都排名第 1。

第 5 组为中国仍处于空白状态的 3 个新兴前沿。在这些前沿上，中国既没有核心论文也没有施引论文，可以说中国在这些前沿上的研究尚未起步，而美国则领跑这些前沿。新兴前沿"阿片类药物危机"，中国所有指标均空白，美国所有指标均排名第 1。新兴前沿"巨细胞动脉炎治疗新突破：Tocilizumab"，中国所有指标均空白，美国研究前沿热度指数和指标 E 均排名第 1，其他指标排名第 1 或第 2。新兴前沿"心外科手术冷热交换系统引发 Chimaera 分枝杆菌经空气传播风险"，中国所有指标均空白，美国研究前沿热度指数和指标 E 均排名第 1，其他指标排名第 1 或第 2（表 13.7）。

13.3.5 生物科学领域

生物科学领域共遴选出 20 个前沿，包括 10 个热点前沿和 10 个新兴前沿。美国在 10 个热点前沿中处于创新卓越状态；中国在 7 个前沿（占比 35.00%）处于创新卓越状态，6 个处于创新前列状态，4 个处于创新行列，3 个处于创新追赶状态。

10 个热点前沿中，根据中国的表现可以分为 4 组。第 1 组是中国和美国均处于创新卓越的 4 个热点前沿，在这些前沿上中国有若干有影响度的重要成果产出。热点前沿"寨卡病毒感染的生物学研究"，中国研究前沿热度指数排名第 3，指标 E 排名第 2，其他指标排名第 2～4 位；美国所有指标均排名第 1。热点前沿"炎性小体的机制和功能"，中国除指标 D 排名第 3 外，其余指标都排名第 2；美国所有指标都排名第 1。热点前沿"mRNA 甲基化介导的基因表达调控"，中国所有指标均排名第 2，美国所有指标都排名第 1。热点前沿"乙型肝炎病毒感染的分子生物学研究"，中国研究前沿热度指数排名第 3，指标 E 排名第 4，其他指标排名第 1 或第 3；美国所有指标都排名第 1 或第 2。

第 2 组是中国处于创新前列，美国处于创新卓越的 3 个热点前沿。热点前沿"哺乳动物早期胚胎 DNA 甲基化的独特调控阶段"，中国研究前沿热度指数排名第 4，指标 E 排名第 3，其他指标排名第 2～5 位；美国除指标 C 排名第 2 外，其余指标都排名第 1。热点前沿"肠道微生物对大脑和行为的影响"，中国研究前沿热度指数排名第 5，指标 E 排名第 3，其他指标排名第 2～11 位；美国所有指标都排名第 1 或第 2。热点前沿"细胞衰老的分子机制"，中国研究前沿热度指数排名第 5，指标 E 空白，其他指标排名第 3～8 位；美国所有指标都排名第 1。

第 3 组是中国处于创新行列，美国处于创新卓越的 2 个热点前沿。在这些前沿上中国排名靠后，但仍有重要成果（核心论文）产出，只是尚未产生重大影响，美国在这些前沿均处于领跑状态。热点前沿

第13章 中美研究前沿科研实力比较研究

表 13.7 临床医学领域 21 个前沿中国和美国 9 个指标得分和排名对比

序号	前沿名称	国家	得分					排名					得分						
			国家研究前沿热度指数	国家贡献度	国家影响度	国家研究前沿热度指数	国家贡献度	国家影响度	指标A	指标B	指标C	指标D	指标E	指标F	指标A	指标B	指标C	指标D	指标E	指标F
1	高血压强化降压治疗	中国	0.72	0.39	0.33	6	6	6	4	6	4	9	3	6	0.33	0.06	0.25	0.08	0.11	0.04
		美国	1.59	0.71	0.88	1	1	1	10	1	1	1	2	1	0.22	0.49	0.60	0.28	0.22	0.42
2	阿尔茨海默病 F-18 标记 tau 靶向 PET 成像	中国	0.04	0.04	0.00	18	17	19	—	12	—	18	—	9	0.00	0.04	0.00	0.00	0.00	0.03
		美国	2.00	1.08	0.92	1	1	1	1	1	1	1	1	1	0.52	0.56	0.64	0.28	0.44	0.45
3	含钆造影剂脑部钆沉积风险	中国	0.10	0.09	0.01	6	6	10	6	7	10	10	—	8	0.03	0.06	0.00	0.00	0.00	0.03
		美国	1.14	0.79	0.35	1	1	1	1	1	2	1	1	1	0.31	0.48	0.26	0.09	0.28	0.40
4	生物类似药英夫利昔单抗 (CT-P13) 的疗效和安全性研究	中国	0.02	0.01	0.01	28	27	28	—	26	—	27	—	17	0.00	0.01	0.00	0.01	0.00	0.01
		美国	1.01	0.43	0.58	4	4	4	7	1	5	1	6	1	0.15	0.28	0.37	0.21	0.04	0.22
5	神经内分泌肿瘤相关研究	中国	0.17	0.13	0.04	19	17	24	17	8	21	21	—	6	0.07	0.06	0.02	0.02	0.00	0.05
		美国	1.92	0.95	0.97	1	1	1	1	1	1	1	1	1	0.58	0.37	0.61	0.36	0.35	0.28
6	人工胰腺闭环控制糖尿病临床研究	中国	0.03	0.02	0.01	16	16	16	—	14	—	16	—	12	0.00	0.02	0.00	0.01	0.00	0.01
		美国	2.19	1.23	0.96	1	1	1	1	1	1	1	1	1	0.75	0.48	0.71	0.25	0.50	0.40
7	生物可吸收药物洗脱支架治疗冠心病疗效	中国	0.24	0.15	0.09	15	15	15	15	9	15	17	9	7	0.08	0.07	0.08	0.01	0.03	0.04
		美国	1.39	0.75	0.64	2	2	2	2	1	2	1	2	1	0.45	0.30	0.52	0.12	0.14	0.19
8	放射性核素标记 PSMA 靶向治疗去势抵抗性前列腺癌	中国	0.04	0.04	0.00	13	12	15	—	10	—	15	—	10	0.00	0.04	0.00	0.00	0.00	0.02
		美国	0.76	0.52	0.24	2	2	2	1	1	1	2	1	2	0.23	0.29	0.16	0.08	0.16	0.21
9	特发性肺纤维化突破性新药: Nintedanib	中国	0.10	0.08	0.02	17	15	20	—	6	—	13	—	5	0.00	0.08	0.00	0.02	0.00	0.06
		美国	2.40	1.21	1.19	1	1	1	1	1	1	1	1	1	0.77	0.44	0.87	0.32	0.54	0.36
10	PD-1/PD-L1 抑制剂治疗非小细胞肺癌和肾癌	中国	0.13	0.10	0.03	22	22	22	—	4	—	18	—	2	0.00	0.10	0.00	0.03	0.00	0.08
		美国	2.82	1.47	1.35	1	1	1	1	1	1	1	1	1	1.00	0.47	1.00	0.35	1.00	0.41
11	阿片类药物危机	中国	0.00	0.00	0.00	—	—	—	—	—	—	—	—	—	0.00	0.00	0.00	0.00	0.00	0.00
		美国	2.67	1.46	1.21	1	1	1	1	1	1	1	1	1	0.80	0.66	0.76	0.45	0.70	0.61
12	BCL-2 抑制剂 Venetoclax 治疗复发或难治性慢性淋巴细胞白血病	中国	0.01	0.01	0.00	16	15	16	—	12	—	13	—	12	0.00	0.01	0.00	0.01	0.00	0.01
		美国	3.20	1.56	1.64	1	1	1	1	1	1	1	1	1	1.00	0.56	1.00	0.64	0.50	0.51

续表

序号	前沿名称	国家	得分			排名			得分					
			国家研究前沿热度指数	国家贡献度	国家影响度	国家研究前沿热度指数	国家贡献度	国家影响度	指标A	指标B	指标C	指标D	指标E	指标F
13	FOLFIRI联合西妥昔单抗治疗或贝伐单抗治疗对KRAS野生型晚期转移性结直肠癌影响	中国	0.12	0.10	0.02	10	8	12	—	4	—	11	—	4
		美国	1.91	0.78	1.13	1	1	1	1	1	4	1	—	1
14	长链非编码RNA与肿瘤进展及预后关系	中国	3.42	1.88	1.54	1	1	1	1	1	1	1	1	1
		美国	1.26	0.71	0.55	2	2	2	2	2	2	2	—	2
15	轮状病毒感染致死率与轮状病毒疫苗有效性	中国	0.16	0.10	0.06	6	7	8	—	5	2	7	—	4
		美国	2.72	1.15	1.57	1	1	1	1	1	1	1	—	1
16	临床评分识别大血管闭塞的卒中患者	中国	0.03	0.03	0.00	10	9	11	—	8	—	—	—	9
		美国	1.65	1.00	0.65	1	1	1	1	1	1	1	—	1
17	肿瘤患者PD-1/PD-L1抗体治疗临床试验	中国	0.12	0.07	0.05	11	8	11	—	7	2	10	—	4
		美国	3.14	1.45	1.69	1	1	1	1	1	1	1	1	1
18	免疫抑制剂治疗特异性皮炎	中国	0.04	0.03	0.01	14	12	14	—	10	—	13	—	9
		美国	2.88	1.46	1.42	1	1	1	1	1	1	1	1	1
19	早期目标导向治疗（EGDT）对脓毒症休克患者预后影响	中国	0.09	0.09	0.00	15	10	17	—	10	—	17	—	7
		美国	1.65	0.87	0.78	1	1	1	1	1	1	1	2	1
20	巨细胞动脉炎治疗新突破：Tocilizumab	中国	0.00	0.00	0.00	—	—	—	—	—	—	—	—	—
		美国	1.46	0.80	0.66	1	1	1	1	2	2	—	—	2
21	心外科手术冷热交换系统引发Chimaera 分枝杆菌经空气传播风险	中国	0.00	0.00	0.00	—	—	—	—	—	—	—	—	—
		美国	1.67	1.00	0.67	1	1	2	1	1	1	2	1	1

注：指标A为国家核心论文贡献度，指标B为国家施引论文贡献度，指标C为国家核心论文影响度，指标D为国家施引论文影响度，指标E为国家通讯作者核心论文贡献度，指标F为国家通讯作者施引论文贡献度；指标A、C、E为三个核心论文指标，指标B、D、F为三个施引论文指标。

"碳酸酐酶抑制剂的合成及生物活性",中国研究前沿热度指数排名第7,指标 E 排名第5,其他指标排名第4~9位;美国研究前沿热度指数排名第4,指标 E 排名第3,其他指标排名第2~4位。热点前沿"PROTAC 靶向蛋白降解",中国研究前沿热度指数排名第7,指标 A、C、E 均空白,其他指标都排名第5或第10;美国所有指标都排名第1。

第4组是中国处于创新追赶状态,美国处于创新卓越状态的1个热点前沿。热点前沿"TREM2 基因变异与阿尔茨海默症",中国研究前沿热度指数排名第19,国家贡献度排名第3,国家影响度排名第23,指标 E 排名第3,其他指标表明中国在该前沿论文产出指标相对排名靠前,但国家影响度排名靠后;美国所有指标都排名第1。

在该领域的10个新兴前沿,美国均处于创新卓越的位置,根据中国的表现可以分为4组。第1组是中国处于创新卓越的3个新兴前沿,即新兴前沿"环状 RNA 作为新的癌症诊断标志物",中国所有指标都排名第1;美国除国家影响度、指标 C 排名第3外,其余指标都排名第2。新兴前沿"PCR 复合物及肿瘤表观遗传",中国研究前沿热度指数排名3,指标 E 排名第2,其他指标都排名第2~4位;美国所有指标都排名第1。新兴前沿"CMG 解旋酶启动细胞 DNA 复制的机制",中国研究前沿热度指数和指标 E 均排名第3,其他指标排名第3或第4;美国所有指标都排名第1或第2。

第2组是中国处于创新前列,美国处于创新卓越的3个新兴前沿。新兴前沿"寨卡病毒蛋白酶抑制剂",中国研究前沿热度指数排名第4,指标 E 排名第2,其他指标排名第2~9位;美国所有指标都排名第1。新兴前沿"海马颗粒细胞与苔藓细胞的生理特性及行为相关性",中国研究前沿热度指数排名第4,指标 A、C、E 均空白,其他指标排名第3~10位;美国所有指标都排名第1。新兴前沿"细胞活性氧(ROS)与肿瘤发生及干预的关系",中国研究前沿热度指数排名第4,指标 A、C、E 均空白,其他指标排名第1~4位;美国所有指标都排名第1或第2。

第3组是中国处于创新行列,美国处于创新卓越的2个新兴前沿。新兴前沿"基于生物标志物的阿尔茨海默病诊断",中国研究前沿热度指数排名第8,指标 A、C、D、E 均空白,其他指标都排名第4~9位;美国除指标 E 排名第4外,其余指标都排名第5。新兴前沿"非编码 RNA 识别模式",中国研究前沿热度指数排名第9,指标 A、C、E 均空白,其他指标排名第4~9位;美国所有指标都排名第2。

第4组是中国处于创新追赶,美国处于创新卓越的2个新兴前沿。新兴前沿"抗1型糖尿病患者核糖体胰岛素基因产物自身免疫",中国研究前沿热度指数排名第11,指标 A、C、E 均空白,其他指标都排名第7~12位;美国所有指标都排名第1。新兴前沿"细胞迁移过程中的核膜破裂与修复",中国研究前沿热度指数排名第12,指标A、C、E均空白,其他指标都排名第7~11位;美国所有指标都排名第1(表13.8)。

13.3.6 化学与材料科学领域

化学与材料科学领域共遴选出18个前沿,包括10个热点前沿和8个新兴前沿。中国在16个前沿(占比88.89%)处于创新卓越状态,1个前沿处于创新前列,1个前沿处于创新追赶状态。

10个热点前沿中,根据中国和美国的表现可以分为3组。第1组是中国和美国均处于创新卓越位势的8个热点前沿。热点前沿"全无机钙钛矿纳米晶光电材料",中国所有指标都排名第1,美国研究前沿热度指数和指标E均排名第2,其他指标排名第2或第4。热点前沿"硼烯",中国指标E排名第1,其余指标排名第1或第2;美国研究前沿热度指数第2,指标E排名第2,其他指标排名第1或第2。热点前沿"高介电常数聚合物基纳米复合材料",中国所有指标都排名第1,美国所有指标均排名第2。热点前沿"钙钛矿太阳能电池",中国研究前沿热度指数排名第1,指标E排名第3,其他指标都排名第1或第2;美国研究前沿热度指数排名第2,指标E排名第1,其他指标排名第1或第2。热点前沿"金属锂负极枝晶抑制研究",中国研究前沿热度指数和指标E均排名第2,其他指标都排名第1或第2;美国研究前沿热度指数和指标E均排名第1,其他指标排名第1或第2。热点前沿"间位选择性碳氢键活化",中国研究前沿热度指数和指标E均排名第2,其他指标排名第1~5位;美国研究前沿热度指数和指标E均排名第1,其他指标排名第1或第2。热点前沿"光引发的活性自由基聚合",中国研究前沿热度指数排名第3,指标E排名第5,其他指标排名第1~8位;美国研究前沿热度指数和指标E均排名第1,其他指标排名第1或第2。热点前沿"镍/光氧化还原协同催化",中国研究前沿热度指数排名第2,指标A、C、E均空白,其他指标排名第1或第2;美国研究前沿热度指数排名第1,其他指标排名第1或第2。

第2组是中国处于创新卓越地位,美国处于创新前列的1个热点前沿。热点前沿"低共熔溶剂及其应用",中国研究前沿热度指数排名第2,指标E排名5,其他指标排名第1~9位;美国研究前沿热度指数排名第7,其他指标排名第4~7位。

第3组是中国处于创新追赶状态,美国处于创新卓越地位的1个热点前沿。热点前沿"串行飞秒晶体学",中国研究前沿热度指数排名第14,指标A、C、E均空白,其他指标排名第5~14位;美国所有指标均排名第1或第2。

化学与材料科学领域的8个新兴前沿,根据美国的表现可以分为3组。第1组是中国和美国均处于创新卓越的6个前沿。新兴前沿"过渡金属纳米阵列在中性环境下电解水催化剂",中国所有指标都排名第1;美国研究前沿热度指数排名

第13章 中美研究前沿科研实力比较研究

表13.8 生物科学领域20个前沿中国和美国9个指标得分和排名对比

序号	前沿名称	国家	得分			排名									得分					
			国家研究前沿热度指数	国家贡献度	国家影响度	国家研究前沿热度指数	国家贡献度	国家影响度	指标A	指标B	指标C	指标D	指标E	指标F	指标A	指标B	指标C	指标D	指标E	指标F
1	寨卡病毒感染的生物学研究	中国	0.42	0.24	0.18	3	3	3	2	3	4	4	2	2	0.13	0.11	0.14	0.04	0.11	0.10
		美国	2.14	1.29	0.85	1	1	1	1	1	1	1	1	1	0.74	0.55	0.56	0.29	0.68	0.49
2	细胞衰老的分子机制	中国	0.41	0.24	0.17	5	5	5	5	3	4	8	—	3	0.13	0.11	0.15	0.02	0.00	0.09
		美国	1.87	1.09	0.78	1	1	1	1	1	1	1	1	1	0.68	0.41	0.53	0.25	0.68	0.33
3	炎性小体的机制和功能	中国	0.64	0.35	0.29	2	2	2	2	2	2	3	2	2	0.20	0.15	0.24	0.05	0.16	0.13
		美国	1.97	1.08	0.89	1	1	1	1	1	1	1	1	1	0.62	0.46	0.67	0.22	0.56	0.38
4	mRNA甲基化介导的基因肉表达调控	中国	0.73	0.47	0.26	2	2	2	2	2	2	2	2	2	0.26	0.21	0.22	0.04	0.14	0.18
		美国	2.20	1.26	0.94	1	1	1	1	1	1	1	1	1	0.77	0.49	0.78	0.16	0.67	0.41
5	碳酸酐酶抑制剂的合成及生物活性	中国	0.24	0.16	0.08	7	7	7	7	5	7	9	5	4	0.07	0.09	0.07	0.01	0.02	0.08
		美国	0.53	0.37	0.16	4	4	4	4	2	3	4	3	2	0.19	0.18	0.12	0.04	0.17	0.14
6	TREM2基因变异与阿尔茨海默病	中国	0.27	0.23	0.04	19	3	23	6	3	23	11	3	1	0.09	0.14	0.01	0.03	0.09	0.11
		美国	2.74	1.48	1.26	1	1	1	1	1	1	1	1	1	0.93	0.55	0.97	0.29	0.69	0.43
7	乙型肝炎病毒感染的分子生物学研究	中国	1.00	0.56	0.44	3	3	3	3	2	2	3	4	1	0.26	0.30	0.32	0.12	0.15	0.26
		美国	1.29	0.73	0.56	1	1	2	1	1	2	1	1	2	0.46	0.27	0.37	0.19	0.21	0.21
8	PROTAC靶向蛋白降解	中国	0.11	0.09	0.02	7	5	10	—	5	—	10	—	5	0.00	0.09	0.00	0.02	0.00	0.06
		美国	2.68	1.38	1.30	1	1	1	1	1	1	1	1	1	0.82	0.56	0.95	0.35	0.82	0.50
9	肠道微生物对大脑和行为的影响	中国	0.22	0.16	0.06	5	5	9	6	2	8	11	3	2	0.06	0.10	0.04	0.02	0.06	0.08
		美国	1.18	0.68	0.50	1	1	1	2	1	1	1	1	1	0.28	0.40	0.31	0.19	0.21	0.34
10	哺乳动物早期胚胎DNA甲基化的独特调控阶段	中国	0.50	0.34	0.16	4	3	4	3	3	4	5	3	2	0.18	0.16	0.11	0.05	0.11	0.12
		美国	1.52	0.85	0.67	1	1	1	1	1	2	1	1	1	0.43	0.42	0.40	0.27	0.36	0.32

续表

序号	前沿名称	国家	得分			排名								得分					
			国家研究前沿热度指数	国家贡献度	国家影响度	国家研究前沿热度指数	国家贡献度	国家影响度	指标A	指标B	指标C	指标D	指标E	指标F	指标A	指标B	指标C	指标D	指标E	指标F
11	环状 RNA 作为新的癌症诊断标志物	中国	2.37	1.44	0.93	1	1	1	1	2	1	1	1	1	0.69	0.75	0.63	0.30	0.54	0.70
		美国	0.67	0.40	0.27	2	2	3	2	2	3	1	2	2	0.23	0.17	0.22	0.05	0.15	0.13
12	基于生物标志物的阿尔茨海默病诊断	中国	0.14	0.14	0.00	8	8	9	—	8	—	—	—	4	0.00	0.14	0.00	0.00	0.00	0.14
		美国	1.19	0.74	0.45	5	5	5	5	5	5	5	4	5	0.38	0.36	0.37	0.08	0.13	0.09
13	聚卡波姆蛋白酶抑制剂	中国	0.45	0.26	0.19	4	2	7	3	2	9	2	2	2	0.13	0.13	0.07	0.12	0.13	0.12
		美国	1.88	0.99	0.89	1	1	1	1	1	1	1	1	1	0.50	0.49	0.43	0.46	0.44	0.39
14	PCR 复合物及肿瘤表观遗传	中国	0.54	0.30	0.24	3	3	3	1	2	3	4	2	1	0.17	0.13	0.16	0.08	0.17	0.09
		美国	3.44	1.64	1.80	1	1	1	1	1	1	1	1	1	1.00	0.64	1.00	0.80	0.83	0.54
15	抗 1 型糖尿病患者核糖体胰岛素基因产物的自身免疫	中国	0.04	0.03	0.01	11	9	12	—	9	—	12	—	7	0.00	0.03	0.00	0.01	0.00	0.03
		美国	3.40	1.68	1.72	1	1	1	1	1	1	1	1	1	1.00	0.68	1.00	0.72	1.00	0.66
16	细胞活性氧（ROS）与肿瘤发生及干预的关系	中国	0.47	0.27	0.20	4	4	3	—	1	—	2	—	2	0.00	0.27	0.00	0.20	0.00	0.25
		美国	0.98	0.54	0.44	2	1	2	1	2	2	1	3	1	0.33	0.21	0.14	0.30	0.33	0.16
17	海马颗粒细胞与苔藓细胞的生理特性及行为相关性	中国	0.11	0.02	0.09	4	10	3	—	10	—	3	—	8	0.00	0.02	0.00	0.09	0.00	0.02
		美国	3.38	1.65	1.73	1	1	1	1	1	1	1	1	1	1.00	0.65	1.00	0.73	1.00	0.63
18	CMG 解旋酶启动细胞 DNA 复制的机制	美国	0.27	0.16	0.11	3	3	3	3	4	4	3	3	4	0.07	0.09	0.02	0.09	0.07	0.07
			1.90	1.15	0.75	1	1	2	1	1	1	1	1	1	0.64	0.51	0.38	0.37	0.64	0.46
19	细胞迁移过程中的核膜破裂与修复	中国	0.05	0.04	0.01	12	11	11	—	10	—	10	—	7	0.00	0.04	0.00	0.01	0.00	0.04
		美国	2.29	1.30	0.99	1	1	1	1	1	1	1	1	1	0.80	0.50	0.63	0.36	0.80	0.41
20	非编码 RNA 识别模式	中国	0.10	0.07	0.03	9	8	9	—	5	—	7	—	4	0.00	0.07	0.00	0.03	0.00	0.07
		美国	1.49	0.71	0.78	2	2	2	2	2	2	2	2	2	0.40	0.31	0.53	0.25	0.20	0.24

注：指标 A 为国家核心论文贡献度，指标 B 为国家核心论文影响度，指标 C 为国家施引论文影响度，指标 D 为国家施引论文影响度，指标 E 为国家通讯作者核心论文贡献度，指标 F 为国家通讯作者施引论文贡献度；指标 A、C、E 为三个核心论文指标，指标 B、D、F 为三个施引论文指标。

第2，指标A、C、E均空白，其他指标排名第2或第4。新兴前沿"有机硫化物的合成"，中国所有指标都排名第1，美国所有指标都排名第2。新兴前沿"碳纳米材料（碳纳米管和石墨烯）改性聚合物"，中国所有指标都排名第1，美国研究前沿热度指数和指标E均排名第2，其他指标排名第1或第2。新兴前沿"卤氧化铋半导体光催化剂"，中国所有指标都排名第1，美国多项指标排名第2，但核心论文指标A、C、E均空白。新兴前沿"卟啉类配合物的制备及应用"，中国研究前沿热度指数和指标E均排名第2名，其他指标排名第1～3位；美国研究前沿热度指数和指标E均排名第1，其他指标排名第1或第2。新兴前沿"可拉伸材料和器件"，中国研究前沿热度指数排名第3，指标E排名第2，其他指标排名第1～6位；美国研究前沿热度指数排名第2，指标E排名第1，其他指标均排名第1或第2。

第2组是中国处于创新卓越，美国处于创新前列的1个前沿。新兴前沿"g-C3N4与非贵金属（钴镍）化合物作为光解水催化剂"，中国所有指标均排名第1，美国研究前沿热度指数排名第4，指标A、C、E均空白，其他指标排名第2～4位。

第3组是中国处于创新前列，美国处于创新行列的1个前沿。新兴前沿"过渡金属（锰）配合物用作加氢/脱氢催化剂"，中国研究前沿热度指数排名第4，指标A、C、E均空白，其他指标都排名

第1～9位；美国研究前沿热度指数排名第7，指标A、C、E均空白，其他指标排名第3～7位。该前沿排名第1和第2的是德国和法国（表13.9）。

13.3.7 物理学领域

物理学领域共遴选出11个前沿，包括10个热点前沿和1个新兴前沿。根据中国的表现可以分为4组，其中2个前沿中国处于创新卓越状态（占比18.18%），4个前沿处于创新前列，2个前沿处于创新行列，3个前沿处于创新追赶状态。

第1组是中国处于创新卓越的2个前沿。热点前沿"四夸克态和五夸克态的实验和理论研究"，中国所有指标均排名第1；美国8个指标排名第2，只有指标D排名第3。热点前沿"外尔半金属特性研究"，中国研究前沿热度指数和指标E均排名第2，其他排名在第1或2；美国研究前沿热度指数和指标E均排名第1，其他指标排名第1或第2。

第2组是中国处于创新前列的4个前沿。热点前沿"全息原理及其在凝聚态物理的应用"，中国研究前沿热度指数和指标E均排名第4，其他指标排名第2～8位；美国所有指标均排名第1。热点前沿"中微子振荡与轻惰性中微子研究"，中国研究前沿热度指数排名第5，指标E排名第1，其他指标排名第2～15位；美国研究前沿热度指数排名第1，指标E排名第2，其他指标均排名第1。新兴前沿"黑洞的量子复杂性研究"，中国研究前沿热度指数排名第5，指标A、C、E均空白，

表 13.9 化学与材料科学领域 18 个前沿中国和美国 9 个指标得分和排名对比

序号	前沿名称	国家	得分				排名								得分					
			国家研究前沿热度指数	国家贡献度	国家影响度		国家研究前沿热度指数	国家贡献度	国家影响度	指标A	指标B	指标C	指标D	指标E	指标F	指标A	指标B	指标C	指标D	指标E	指标F
---	---	---	---	---	---	---	---	---	---	---	---	---	---	---	---	---	---	---	---	---	---
1	金属锂负极枝晶抑制研究	中国	1.69	1.01	0.68		2	1	2	1	1	2	2	2	1	0.56	0.45	0.53	0.15	0.44	0.40
		美国	1.94	0.95	0.99		1	2	1	2	1	1	1	1	2	0.53	0.42	0.76	0.23	0.53	0.37
2	间位选择性碳氢键活化	中国	0.82	0.60	0.22		2	1	2	2	1	5	2	1	1	0.17	0.43	0.08	0.14	0.18	0.41
		美国	1.19	0.53	0.66		1	2	1	2	2	1	1	2	2	0.35	0.18	0.56	0.10	0.35	0.15
3	光引发的活性自由基聚合	中国	0.43	0.37	0.06		3	3	6	3	1	8	3	5	1	0.06	0.31	0.02	0.04	0.03	0.28
		美国	1.73	0.91	0.82		1	1	1	1	1	1	1	1	2	0.61	0.30	0.68	0.14	0.56	0.27
4	镍/光氧化还原协同催化	中国	0.46	0.37	0.09		2	2	2	—	2	—	2	—	1	0.00	0.37	0.00	0.09	0.00	0.36
		美国	2.35	1.25	1.10		1	1	1	1	1	1	1	1	2	0.95	0.30	0.96	0.14	0.96	0.28
5	全无机钙钛矿纳米晶光电材料	中国	1.20	0.80	0.40		1	1	1	2	1	1	1	1	2	0.33	0.47	0.31	0.09	0.28	0.43
		美国	0.67	0.44	0.23		2	2	4	4	2	4	2	2	2	0.22	0.22	0.16	0.07	0.22	0.17
6	钙钛矿太阳能电池	中国	0.47	0.37	0.10		1	1	1	2	1	1	1	3	2	0.00	0.37	0.00	0.10	0.08	0.33
		美国	0.44	0.28	0.16		2	2	2	2	2	2	2	2	2	0.00	0.28	0.00	0.16	0.44	0.23
7	硼烯	中国	2.40	1.35	1.05		1	1	1	1	1	1	1	1	1	0.74	0.61	0.77	0.28	0.68	0.55
		美国	2.17	1.04	1.13		2	2	2	2	2	2	2	2	2	0.74	0.30	0.91	0.22	0.32	0.20
8	高介电常数聚合物基纳米复合材料	中国	2.56	1.41	1.15		1	1	1	1	1	1	1	1	1	0.75	0.66	0.76	0.39	0.69	0.63
		美国	1.08	0.62	0.46		2	2	2	2	2	2	2	2	2	0.44	0.18	0.33	0.13	0.25	0.13
9	串行飞秒晶体学	中国	0.12	0.08	0.04		14	11	14	—	7	—	7	—	5	0.00	0.08	0.00	0.04	0.00	0.05
		美国	2.64	1.43	1.21		2	1	5	2	1	9	5	5	1	0.89	0.54	0.95	0.26	0.58	0.36
10	低共熔溶剂及其应用	中国	0.49	0.34	0.15		2	1	5	5	1	1	1	1	1	0.06	0.28	0.03	0.12	0.06	0.26
		美国	0.21	0.12	0.09		7	6	6	5	4	7	5	5	5	0.06	0.06	0.05	0.04	0.06	0.06

134

续表

序号	前沿名称	国家	得分 国家研究前沿热度指数	得分 国家贡献度	得分 国家影响度	国家研究前沿热度指数	国家贡献度	国家影响度	排名 指标A	排名 指标B	排名 指标C	排名 指标D	排名 指标E	排名 指标F	得分 指标A	得分 指标B	得分 指标C	得分 指标D	得分 指标E	得分 指标F
11	过渡金属纳米阵列在中性环境下电解水催化剂	中国	3.22	1.90	1.32	1	1	1	1	2	—	1	1	1	1.00	0.90	1.00	0.32	1.00	0.90
		美国	0.05	0.05	0.00	2	2	4	—	2	—	—	—	2	0.00	0.05	0.00	0.00	0.00	0.04
12	吡啶类配合物的制备及应用	中国	0.80	0.42	0.38	2	2	2	1	2	3	2	2	1	0.12	0.30	0.15	0.23	0.13	0.27
		美国	1.30	0.68	0.62	1	2	1	1	1	1	2	1	2	0.37	0.31	0.37	0.25	0.38	0.23
13	可拉伸材料和器件	中国	1.49	0.74	0.75	3	3	4	4	1	6	2	2	1	0.25	0.49	0.32	0.43	0.25	0.43
		美国	2.32	1.08	1.24	2	2	1	2	2	2	2	1	2	0.75	0.33	0.91	0.33	0.75	0.29
14	过渡金属（锰）配合物用作加氢/脱氢催化剂	中国	0.23	0.21	0.02	4	4	9	—	1	—	6	—	1	0.00	0.21	0.00	0.02	0.00	0.21
		美国	0.15	0.12	0.03	7	5	7	1	3	—	4	—	3	0.00	0.12	0.00	0.03	0.00	0.11
15	g-C$_3$N$_4$与非贵金属（钴镍）化合物作为光解水催化剂	中国	3.35	1.70	1.65	1	1	1	1	1	1	1	1	1	0.86	0.84	0.91	0.74	0.86	0.82
		美国	0.16	0.08	0.08	4	4	4	—	2	—	2	—	3	0.00	0.08	0.00	0.08	0.00	0.06
16	有机硫化物的合成	中国	2.06	1.24	0.82	1	1	1	1	2	1	2	2	1	0.61	0.63	0.57	0.25	0.62	0.62
		美国	1.03	0.52	0.51	2	2	2	2	2	2	2	1	2	0.38	0.14	0.38	0.13	0.23	0.11
17	碳纳米材料（碳纳米管和石墨烯）改性聚合物	中国	3.19	1.70	1.49	1	1	1	1	1	1	1	1	1	1.00	0.70	1.00	0.49	1.00	0.67
		美国	2.72	1.33	1.39	2	2	2	1	2	1	2	1	2	1.00	0.33	1.00	0.39	0.86	0.32
18	卤氧化铋半导体光催化剂	中国	3.68	1.90	1.78	1	1	1	1	1	1	2	1	1	1.00	0.90	1.00	0.78	1.00	0.89
		美国	0.21	0.08	0.13	2	2	2	—	2	—	2	—	2	0.00	0.08	0.00	0.13	0.00	0.05

注：指标A为国家核心论文贡献度，指标B为国家核心论文影响度，指标C为国家施引论文贡献度，指标D为国家施引论文影响度，指标E为国家通讯作者核心论文影响度，指标F为国家通讯作者施引论文指标；指标A、C、E为三个核心论文贡献度，指标B、D、F为三个施引论文指标。

其他指标排名第 2～5 位；美国所有指标均排名第 1。热点前沿"双光梳光谱学研究"，中国研究前沿热度指数排名第 6，指标 A、C、E 均空白，其他指标排名第 2～9 位；美国所有指标均排名第 1。

第 3 组是中国处于创新行列的 2 个前沿。热点前沿"B 介子稀有衰变研究"，中国研究前沿热度指数排名第 10，指标 E 排名第 7，其他指标排名第 6～22 位；美国 8 个指标排名第 1，指标 D 排名第 2。热点前沿"自旋-轨道耦合的莫特绝缘体研究"，中国研究前沿热度指数排名第 10，指标 E 排名第 6，其他指标排名第 4～12 位；美国研究前沿热度指数排名第 1，指标 E 排名第 3，其他指标均排名第 1。

第 4 组是中国处于创新追赶的 3 个前沿。热点前沿"多体局域化系统的研究"，中国研究前沿热度指数排名第 12，指标 A、C、E 均空白，其他指标排名第 6～18 位；美国所有指标均排名第 1。热点前沿"量子多体系统的非平衡动力学"，中国研究前沿热度指数排名第 13，指标 A、C、E 均空白，其他指标排名第 6～17 名；美国研究前沿热度指数排名第 2，指标 E 排名第 4，其他指标排名第 1～3 位。热点前沿"量子热力学研究"，中国研究前沿热度指数排名第 23，指标 A、C、E 均空白，其他指标排名第 10～24 位；美国研究前沿热度指数排名第 1，指标 E 排名第 3，其他指标排名第 1～4 位（表 13.10）。

13.3.8　天文学与天体物理学领域

天文学与天体物理学领域共遴选出 12 个前沿，包括 10 个热点前沿和 2 个新兴前沿。这些前沿根据中国的表现可以分为 3 组，即 1 个创新前列的前沿，2 个创新行列的前沿，9 个创新追赶的前沿，处于创新追赶状态的前沿共占 75%，也就是说 3/4 的前沿尚在追赶之中。

第 1 组是中国进入创新前列状态的 1 个前沿，美国领跑这个前沿。热点前沿"基于多种观测数据优化暗能量模型"，中国研究前沿热度指数排名第 4，指标 E 排名第 3，其他指标都排名第 1～5 位；美国研究前沿热度指数排名第 2，指标 E 排名第 1，其他指标排名第 1～8 位。

第 2 组是中国处于创新行列的 2 个前沿。热点前沿"双中子星并合过程及喷射物研究"，中国研究前沿热度指数排名第 6，指标 E 排名第 3，其他指标都排名第 3～13 位；美国所有指标都排名第 1。热点前沿"多种暗物质理论模型下的暗物质晕研究"，中国研究前沿热度指数排名第 8，指标 E 空白，其他指标都排名第 4～17 位；美国所有指标都排名第 1。

第 3 组是中国处于创新追赶的 9 个前沿。热点前沿"利用'哈勃空间望远镜'（HST）开展宇宙早期暗淡星系性质研究"，中国研究前沿热度指数排名第 13，指标 E 空白，其他指标排名第 8～17 位；美国所有指标都排名第 1。热点前沿"利用宇宙流体动力学模拟方法研究星系形成演化"，中国研究前沿热度指数排名第 13，指标 A、C、E 均空白，其他

表13.10 物理学领域11个前沿中国和美国9个指标得分和排名对比

序号	前沿名称	国家	得分			排名									得分					
			国家研究前沿热度指数	国家贡献度	国家影响度	国家研究前沿热度指数	国家贡献度	国家影响度	指标A	指标B	指标C	指标D	指标E	指标F	指标A	指标B	指标C	指标D	指标E	指标F
1	B介子稀有衰变研究	中国	0.58	0.29	0.29	10	8	11	6	8	11	22	7	6	0.16	0.13	0.21	0.08	0.05	0.08
		美国	1.57	0.82	0.75	1	1	1	1	1	1	2	1	1	0.52	0.30	0.61	0.14	0.22	0.16
2	全息原理及其在凝聚态物理的应用	中国	0.25	0.21	0.04	4	3	8	4	3	8	5	4	2	0.06	0.15	0.01	0.03	0.06	0.13
		美国	1.78	1.08	0.70	1	1	1	1	1	1	1	1	1	0.65	0.43	0.56	0.14	0.55	0.36
3	量子热力学研究	中国	0.00	0.00	0.00	23	21	24	—	14	—	22	—	10	0.00	0.00	0.00	0.00	0.16	0.13
		美国	0.48	0.23	0.25	1	1	1	2	2	1	4	3	2	0.22	0.01	0.24	0.01	0.16	0.12
4	量子多体系统的非平衡动力学	中国	0.06	0.05	0.01	13	13	17	—	7	—	17	—	6	0.00	0.05	0.00	0.01	0.00	0.04
		美国	1.07	0.63	0.44	2	1	2	2	1	1	1	4	1	0.30	0.33	0.32	0.12	0.11	0.22
5	双光梳光谱学研究	中国	0.21	0.17	0.04	6	5	9	2	2	—	5	—	2	0.00	0.17	0.00	0.04	0.00	0.14
		美国	1.64	0.97	0.67	1	1	1	1	1	1	1	1	1	0.55	0.42	0.46	0.21	0.53	0.35
6	自旋-轨道耦合的莫特绝缘体研究	中国	0.19	0.16	0.03	10	8	12	10	4	12	8	6	5	0.04	0.12	0.01	0.02	0.04	0.08
		美国	1.92	1.06	0.86	1	1	1	2	2	1	2	3	1	0.62	0.44	0.72	0.14	0.17	0.29
7	外尔半金属特性研究	中国	1.78	1.01	0.77	2	2	2	2	2	2	2	2	2	0.63	0.38	0.70	0.07	0.32	0.32
		美国	1.84	1.05	0.79	1	1	1	1	1	1	1	1	1	0.67	0.38	0.69	0.10	0.47	0.27
8	中微子振荡与轻惰性中微子研究	中国	0.71	0.42	0.29	5	5	6	5	3	5	15	1	2	0.28	0.14	0.24	0.05	0.20	0.12
		美国	1.50	0.84	0.66	1	1	1	1	1	2	1	2	1	0.58	0.26	0.55	0.11	0.18	0.15

续表

序号	前沿名称	国家	得分				排名							得分					
			国家研究前沿热度指数	国家贡献度	国家影响度	国家研究前沿热度指数	国家贡献度	国家影响度	指标A	指标B	指标C	指标D	指标E	指标F	指标A	指标B	指标C	指标D	指标E	指标F
9	多体局域化系统的研究	中国	0.06	0.06	0.00	12	9	18	—	6	—	17	—	6	0.00	0.06	0.00	0.00	0.00	0.05
		美国	2.15	1.27	0.88	1	1	1	1	1	1	1	1	1	0.81	0.46	0.79	0.09	0.67	0.39
10	四夸克态和五夸克态的实验和理论研究	中国	2.06	1.17	0.89	1	1	1	1	1	1	1	1	1	0.66	0.51	0.78	0.11	0.33	0.37
		美国	1.72	0.87	0.85	2	2	2	2	2	2	3	2	2	0.59	0.28	0.74	0.11	0.11	0.11
11	黑洞的量子复杂性研究	中国	0.21	0.16	0.05	5	5	5	—	3	—	3	—	2	0.00	0.16	0.00	0.05	0.00	0.13
		美国	1.87	0.91	0.96	1	1	1	1	1	1	1	1	1	0.16	0.13	0.21	0.08	0.05	0.08

注：指标 A 为国家核心论文贡献度，指标 B 为国家施引论文贡献度，指标 C 为国家核心论文影响度，指标 D 为国家施引论文影响度，指标 E 为国家通讯作者核心论文贡献度，指标 F 为国家通讯作者施引论文贡献度；指标 A、C、E 为三个核心论文指标，指标 B、D、F 为三个施引论文指标。

指标排名第7～13位；美国研究前沿热度指数排名第2，其他指标排名第1或第2。热点前沿"引力波和黑洞的探测与模拟"，中国研究前沿热度指数排名第14，指标E空白，其他指标都排名第6～13位；美国所有指标都排名第1。热点前沿"'斯隆数字巡天'（SDSS）计划第3期'重子振荡光谱巡天'（BOSS）项目对中低红移星系的测量结果"，中国研究前沿热度指数排名第14，指标A、C、E均空白，其他指标排名第2～15位；美国8个指标排名第1，指标E排名第2。新兴前沿"利用地基和天基引力波观测平台研究宇宙一阶相变与引力波之间的关系"，中国研究前沿热度指数排名第14，指标A、C、E均空白，其他指标排名第6～16位；美国热度指数排名第7，指标E空白，其他指标排名第2～10位。热点前沿"基于'开普勒空间望远镜'（Kepler）等开展系外行星搜寻及性质研究"，中国研究前沿热度指数排名第15，指标E空白，其他指标排名第6～17位；美国所有指标都排名第1。热点前沿"南极'冰立方中微子天文台'（IceCube）和'费米伽马射线空间望远镜'（Fermi）对高能中微子和伽马射线的观测研究"，中国研究前沿热度指数排名第16，指标E空白，其他指标排名第3～18位；美国所有指标都排名第1。热点前沿"基于'普朗克'（Planck）探测器和'威尔金森微波各向异性探测器'（WMAP）任务观测数据开展宇宙学参数研究"，中国研究前沿热度指数排名第20，指标A、C、E均空白，其他指标排名第3～20位；美国8个指标排名第1，指标E为空白。热点前沿"基于'普朗克'（Planck）卫星、南极望远镜（SPT）和'阿塔卡玛宇宙学望远镜'（ACT）等平台开展宇宙学研究"，中国研究前沿热度指数排名第22，指标E空白，其他指标排名第5～24位；美国所有指标排名第1或第2（表13.11）。

13.3.9 数学、计算机科学与工程学领域

数学、计算机科学与工程学领域共遴选12个前沿，包括10个热点前沿和2个新兴前沿。中国表现创新卓越的有11个前沿（占比91.67%），创新行列的有1个前沿。根据美国的表现可以分为4组。

第1组是中国和美国处于创新卓越地位的8个前沿。热点前沿"基于D数理论的决策方法研究"，中国所有指标均排名第1，美国所有指标均排名第2。热点前沿"几类典型非线性发展偏微分方程的求解及其在流体力学、电磁学等领域的应用"，中国所有指标均排名第1，美国所有指标均排名第2。热点前沿"混沌图像加密算法研究"，中国所有指标均排名第1；美国研究前沿热度指数和指标E均排名第2，其他指标排名第2～5位。热点前沿"无线传感器网络的数据采集、传输与安全和隐私保护"，中国所有指标均排名第1；美国研究前沿热度指数排名第4，指标E排名第3，其他指标排名第2～5位。热点前沿"基于智能卡、生物特征等的远程用户认证方案及相关技术"，中国

表 13.11 天文学与天体物理学领域 12 个前沿中国和美国 9 个指标得分分布排名对比

序号	前沿名称	国家	得分				排名				得分					
			国家研究前沿热度指数	国家贡献度	国家影响度	国家研究前沿热度指数	国家贡献度	国家影响度	指标A	指标B	指标C	指标D	指标E	指标F
1	引力波和黑洞的探测与模拟	中国	0.50	0.23	0.27	14	13	13	13	8	13	10	—	6	0.13	0.10	0.19	0.08	0.00	0.03
		美国	2.13	1.26	0.87	1	1	1	1	1	1	1	—	1	0.70	0.56	0.69	0.18	0.48	0.39
2	利用宇宙流体动力学模拟方法研究星系形成演化	中国	0.08	0.06	0.02	13	12	13	—	10	—	12	—	7	0.00	0.06	0.00	0.02	0.00	0.03
		美国	2.13	1.12	1.01	2	2	2	2	1	2	1	—	1	0.53	0.59	0.76	0.25	0.40	0.35
3	南极"冰立方"(IceCube) 中微子天文台和"费米"(Fermi) 伽马射线空间望远镜 对高能中微子和伽马射线的观测研究	中国	0.76	0.33	0.43	16	17	15	18	5	17	16	—	3	0.18	0.15	0.27	0.16	0.00	0.10
		美国	2.78	1.43	1.35	1	1	1	1	1	1	1	1	1	0.95	0.48	0.98	0.37	0.61	0.28
4	双中子星并合过程及喷射物研究	中国	0.28	0.21	0.07	6	5	11	6	5	13	7	3	3	0.07	0.14	0.04	0.03	0.07	0.08
		美国	2.13	1.25	0.88	1	1	1	1	1	1	1	1	1	0.63	0.62	0.68	0.20	0.47	0.39
5	基于"普朗克"(Planck) 卫星、南极望远镜 (SPT) 和"阿塔卡玛宇宙学望远镜"(ACT) 等平台开展宇宙学研究	中国	0.23	0.14	0.09	22	22	23	22	17	22	24	—	5	0.06	0.08	0.06	0.03	0.00	0.06
		美国	2.66	1.51	1.15	1	1	1	1	1	1	1	2	1	1.00	0.51	1.00	0.15	0.25	0.26
6	基于"开普勒"(Kepler) 空间望远镜等开展系外行星搜寻及性质研究	中国	0.12	0.08	0.04	15	14	17	14	14	17	14	—	6	0.03	0.05	0.02	0.02	0.00	0.03
		美国	2.85	1.62	1.23	1	1	1	1	1	1	1	—	1	0.96	0.66	0.97	0.26	0.90	0.48
7	利用"哈勃"空间望远镜 (HST) 开展宇宙早期暗淡星系性质研究	中国	0.30	0.18	0.12	13	12	13	10	12	13	17	—	8	0.10	0.08	0.10	0.02	0.00	0.03
		美国	2.92	1.64	1.28	1	1	1	1	1	1	1	1	1	0.95	0.69	0.98	0.30	0.65	0.38

第13章 中美研究前沿科研实力比较研究

续表

序号	前沿名称	国家	得分					排名								得分					
			国家研究前沿热度指数	国家贡献度	国家影响度			国家研究前沿热度指数	国家贡献度	国家影响度	指标A	指标B	指标C	指标D	指标E	指标F	指标A	指标B	指标C	指标D	指标E	指标F
8	基于"普朗克"(Planck)探测器和"威尔金森微波各向异性探测器"(WMAP)任务观测数据开展宇宙学参数研究	中国	0.23	0.12	0.11			20	20	20	—	5	—	20	—	3	0.00	0.12	0.00	0.11	0.00	0.08
		美国	2.83	1.35	1.48			1	1	1	1	1	1	1	—	1	1.00	0.35	1.00	0.48	0.00	0.20
9	多种暗物质理论模型下的暗物质量研究	中国	0.34	0.22	0.12			8	6	9	4	9	7	17	—	5	0.15	0.07	0.10	0.02	0.00	0.04
		美国	2.19	1.21	0.98			1	1	1	1	1	1	1	1	1	0.70	0.51	0.72	0.26	0.50	0.35
10	"斯隆数字巡天"(SDSS)计划第3期"重子振荡光谱巡天"(BOSS)项目对中低红移星系的测量结果	中国	0.23	0.08	0.15			14	15	13	—	2	—	5	—	2	0.00	0.08	0.00	0.15	0.00	0.09
		美国	2.23	0.92	1.31			1	1	1	1	1	1	1	2	1	0.82	0.10	1.00	0.31	0.36	0.14
11	基于多种观测数据优化暗能量模型	中国	1.03	0.48	0.55			4	3	3	5	4	4	2	3	8	0.17	0.31	0.31	0.24	0.17	0.27
		美国	1.16	0.61	0.55			2	1	4	1	1	3	6	1	—	0.50	0.11	0.45	0.10	0.33	0.04
12	利用地基和天基引力波观测平台合研究宇宙一阶相变与引力波之间的关系	中国	0.12	0.09	0.03			14	12	16	—	6	—	12	—	6	0.00	0.09	0.00	0.03	0.00	0.06
		美国	0.53	0.33	0.20			7	3	8	3	2	10	3	—	3	0.16	0.17	0.07	0.13	0.00	0.08

注：指标A为国家核心论文贡献度，指标B为国家引论文贡献度，指标C为国家核心论文影响度，指标D为国家施引论文影响度，指标E为国家引论文影响度，指标F为三个施引论文指标；指标A、C、E为三个核心论文指标，指标B、D、F为三个施引论文指标。

所有指标均排名第1；美国研究前沿热度指数排名第2，指标E空白，其他指标排名第2或第3。热点前沿"面向5G的非正交多址接入"，中国研究前沿热度指数排名第1名，指标E排名第2，其他指标排名第1或第2；美国研究前沿热度指数排名第3，其他指标排名第2~4位。热点前沿"自适应控制系统研究"，中国所有指标均排名第1；美国研究前沿热度指数排名第5，指标E空白，其他指标排名第3~6位。热点前沿"多粒度决策粗糙集模型研究"，中国所有指标均排名第1；美国研究前沿热度指数排名第5，指标E空白，其他指标排名第4~9位。

第2组是中国处于创新卓越地位，美国处于创新前列的2个前沿。热点前沿"非线性发展方程的孤子解及其在流体力学、光纤通信等领域的应用"，中国所有指标均排名第1；美国研究前沿热度指数排名第7，指标A、C、E均空白，其他指标排名第5~8位。热点前沿"多智能体系统一致性研究"，中国所有指标均排名第1；美国研究前沿热度指数排名第7，指标A、C、E均空白，其他指标排名第4~7位。

第3组是中国处于创新卓越地位，美国处于创新追赶地位的1个前沿。热点前沿"时滞系统稳定性分析方法研究"，中国除指标C排名第2外，其余指标均排名第1；美国研究前沿热度指数排名第14，指标A、C、E均空白，其他指标排名第12~16位。

第4组是中国处于创新行列，美国处于创新前列的1个前沿。热点前沿"二阶梯度弹性理论及其应用"，中国研究前沿热度指数排名第8，指标A、C、E均空白，其他指标排名第5~10位。美国研究前沿热度指数排名第5，指标E排名第3，其他指标排名第4或第5位（表13.12）。

13.3.10 经济学、心理学及其他社会科学领域

经济学、心理学及其他社会科学领域共遴选11个前沿，包括10个热点前沿和1个新兴前沿。根据中国的表现可以分为3组，中国只有2个前沿在创新卓越状态（占比18.18%），5个前沿在创新行列（占比45.45%），4个前沿仍处在创新追赶状态。

第1组是中国处于创新卓越地位的2个前沿。热点前沿"群体决策一致性的模糊语言建模"，中国研究前沿热度指数和指标E均排名第1，其他指标均排名第1或第2；美国研究前沿热度指数排名第8，指标A、C、E均空白，其他指标排名第5~8位。热点前沿"大数据背景下的管理学问题研究"，中国研究前沿热度指数排名第3，指标E空白，其他指标排名第2~6位；美国所有指标都排名第1。

第2组是中国处于创新行列的5个前沿。热点前沿"网络游戏成瘾的DSM-5模型"，中国研究前沿热度指数排名第7，指标E空白，其他指标排名第2~13位；美国研究前沿热度指数排名第2，指标E排名第5，其他指标排名第1~4位。热

第13章 中美研究前沿科研实力比较研究

表13.12 数学、计算机科学与工程学领域12个前沿中国和美国9个指标得分和排名对比

序号	前沿名称	国家	得分					排名							得分					
			国家研究前沿热度指数	国家贡献度	国家影响度	国家研究前沿热度指数	国家贡献度	国家影响度	指标A	指标B	指标C	指标D	指标E	指标F	指标A	指标B	指标C	指标D	指标E	指标F
1	自适应控制系统研究	中国	3.11	1.83	1.28	1	1	1	1	1	1	1	1	1	1.00	0.83	1.00	0.28	1.00	0.78
		美国	0.09	0.08	0.01	5	5	6	5	4	5	6	—	3	0.03	0.05	0.00	0.01	0.00	0.03
2	无线传感器网络的数据采集、传输与安全和隐私保护	中国	2.98	1.76	1.22	1	1	1	1	1	1	1	1	1	0.97	0.79	0.87	0.35	0.97	0.70
		美国	0.60	0.33	0.27	4	4	4	5	4	4	6	1	2	0.13	0.20	0.16	0.11	0.03	0.06
3	基于D数理论的决策方法研究	中国	2.88	1.71	1.17	1	1	1	1	1	1	1	1	1	0.95	0.76	0.96	0.21	0.93	0.74
		美国	0.92	0.52	0.40	2	2	2	2	3	2	2	3	2	0.35	0.17	0.33	0.07	0.07	0.04
4	面向5G的非正交多址接入	中国	1.85	1.08	0.77	1	1	2	2	3	2	2	2	1	0.50	0.58	0.61	0.16	0.27	0.50
		美国	1.07	0.54	0.53	3	3	3	2	3	3	3	2	4	0.36	0.18	0.40	0.13	0.27	0.06
5	二阶梯度弹性理论及其应用	中国	0.08	0.07	0.01	8	8	10	—	5	—	9	—	5	0.00	0.07	0.00	0.01	0.00	0.06
		美国	0.26	0.17	0.09	5	5	5	5	4	5	4	3	4	0.04	0.13	0.06	0.03	0.04	0.08
6	几类典型非线性发展偏微分方程的求解及其在流体力学、电磁学等领域的应用	中国	3.15	1.80	1.35	1	1	1	1	1	1	1	1	1	1.00	0.80	1.00	0.35	0.89	0.75
		美国	1.21	0.59	0.62	2	2	2	2	2	2	2	2	2	0.46	0.13	0.52	0.10	0.14	0.07
7	基于智能卡、生物特征等的远程用户认证方案及相关技术	中国	2.90	1.64	1.27	1	1	1	1	2	1	1	1	1	0.82	0.81	0.95	0.32	0.72	0.74
		美国	0.54	0.28	0.26	2	3	3	3	3	3	2	—	5	0.13	0.15	0.18	0.08	0.00	0.05
8	多粒度决策粗糙集模型研究	中国	2.99	1.71	1.28	1	1	1	4	6	5	5	1	1	0.94	0.77	0.92	0.36	0.91	0.75
		美国	0.14	0.08	0.06	5	5	5	4	5	5	5	—	9	0.04	0.04	0.04	0.02	0.00	0.01

143

续表

序号	前沿名称	国家	得分			排名							得分					
			国家研究热度前沿指数	国家贡献度	国家影响度	国家研究热度前沿指数	国家贡献度	国家影响度	指标A	指标B	指标C	指标D	指标E	指标F	指标A	指标B	指标C	指标D	指标E	指标F
9	时滞系统稳定性分析方法研究	中国	1.73	1.09	0.64	1	1	1	1	1	2	1	1	1	0.41	0.68	0.31	0.33	0.41	0.62
		美国	0.01	0.01	0.00	14	13	16	—	12	—	16	—	16	0.00	0.01	0.00	0.00	0.00	0.00
10	混沌图像加密算法研究	中国	2.58	1.43	1.15	1	1	1	1	1	1	1	1	1	0.77	0.66	0.82	0.33	0.76	0.64
		美国	0.21	0.14	0.07	2	2	3	2	3	4	2	2	5	0.08	0.06	0.04	0.03	0.04	0.02
11	非线性发展方程的孤子解及其在流体力学、光纤通信等领域的应用	中国	3.57	1.85	1.72	1	1	1	1	1	1	1	1	1	1.00	0.85	1.00	0.72	1.00	0.85
		美国	0.02	0.02	0.00	7	6	8	—	6	—	8	—	5	0.00	0.02	0.00	0.00	0.00	0.02
12	多智能体系统一致性研究	中国	3.70	1.88	1.82	1	1	1	1	1	1	1	1	1	1.00	0.88	1.00	0.82	1.00	0.83
		美国	0.06	0.05	0.01	7	6	7	—	4	—	6	—	4	0.00	0.05	0.00	0.01	0.00	0.02

注：指标A为国家核心论文贡献度，指标B为国家核心论文影响度，指标C为国家核心论文指标，指标D为国家施引论文影响度，指标E为国家通讯作者核心论文贡献度，指标F为国家通讯作者施引论文贡献度；指标A、C、E为三个核心论文指标，指标B、D、F为三个施引论文指标。

点前沿"睡眠与记忆巩固",中国研究前沿热度指数排名第8,指标E排名第5,有重要成果产出,其他指标排名第6~15位;美国所有指标都排名第1。另外3个前沿没有重要成果产出。热点前沿"医生职业倦怠研究",中国研究前沿热度指数排名第8,指标A、C、E均空白,其他指标排名第6~10位;美国所有指标都排名第1。新兴前沿"管理学研究的可靠性",中国研究前沿热度指数排名第8,指标A、C、E均空白,其他指标排名第4~8位;美国所有指标都排名第1。热点前沿"社会阶层以及社会问题导致的心理和行为研究",中国研究前沿热度指数排名第10,指标A、C、E均空白,其他指标排名第4~10位;美国所有指标都排名第1。

第3组是中国处于创新追赶地位的4个前沿。热点前沿"科学研究与教育的性别差异(女性研究)",中国研究前沿热度指数排名第14,指标A、C、E均空白,其他指标排名第12~18位;美国所有指标都排名第1。热点前沿"精神分裂的干预与训练治疗",中国研究前沿热度指数排名第19,指标A、C、E均空白,其他指标排名第8~19位;美国研究前沿热度指数排名第4,指标E排名第3,其他指标排名第3~5位。热点前沿"医疗保险中医院再入院率降低政策的效果评估",中国研究前沿热度指数排名第19,指标A、C、E均空白,其他指标排名第13~21位;美国所有指标都排名第1。热点前沿"医疗资源分配与医疗可持续性",中国研究前沿热度指数排名第31,指标A、C、E均空白,其他指标排名第24~34位;美国所有指标都排名第1或第2(表13.13)。

13.4 讨论

本章通过研究前沿的中美比较定量数据分析,揭示出中国在若干研究上已经处于较高的创新位势,现阶段在70%以上的研究前沿上已经进入了创新行列及以上;美国在绝大多数研究前沿处于较高的创新位势,且在98%以上的研究前沿上处于创新行列及以上。

但中国与美国在前沿研究上仍有较大差距,中美研究前沿热度指数得分分别为118.38分和227.39分,中国约为美国的一半。中国和美国分别有54个(占前沿总数的39.13%)和118个(占前沿总数的85.51%)前沿处于创造卓越位势,中国创新卓越的前沿还不到美国的一半。美国129个前沿(占前沿总数93.48%)处于创新前列,136个前沿(占总数98.55%)处于创新行列;中国有73个(占前沿总数的52.90%)研究前沿进入创新行列,97个(占前沿总数70.29%)研究前沿进入创新前沿行列,但仍有38个(占前沿总数27.54%)的研究前沿仍处在创新追赶状态,在3个前沿上仍为空白。

中国在不同的领域发展不均衡。10个领域中,2个领域已经进入创新卓越的状态,即化学与材料科学领域以及数学、计算机科学与工程学领域,它们是中国现

表13.13 经济学、心理学及其他社会科学领域11个前沿中国和美国的9个指标得分和排名对比

序号	前沿名称	国家	得分			排名									得分					
			国家研究前沿热度指数	国家贡献度	国家影响度	国家研究前沿热度指数	国家贡献度	国家影响度	指标A	指标B	指标C	指标D	指标E	指标F	指标A	指标B	指标C	指标D	指标E	指标F
1	精神分裂的干预与训练治疗	中国	0.05	0.04	0.01	19	19	18	—	16	—	18	—	8	0.00	0.04	0.00	0.01	0.00	0.03
		美国	1.00	0.51	0.49	4	5	4	5	4	4	4	3	3	0.31	0.20	0.35	0.14	0.16	0.12
2	社会阶层以及社会问题导致的心理和行为研究	中国	0.09	0.06	0.03	10	10	8	—	4	—	5	—	4	0.00	0.06	0.00	0.03	0.00	0.04
		美国	3.09	1.52	1.57	1	1	1	1	1	1	1	1	1	0.86	0.66	0.98	0.59	0.67	0.58
3	网络游戏成瘾的DSM-5模型	中国	0.42	0.20	0.22	7	8	8	13	3	8	7	—	2	0.05	0.15	0.15	0.07	0.00	0.12
		美国	0.93	0.46	0.47	2	2	4	3	3	4	2	5	2	0.21	0.25	0.32	0.15	0.05	0.14
4	医生职业倦怠研究	中国	0.02	0.02	0.00	8	7	10	—	6	—	10	—	6	0.00	0.02	0.00	0.00	0.00	0.02
		美国	3.11	1.65	1.46	1	1	1	1	1	1	1	1	1	0.95	0.70	0.99	0.47	0.95	0.67
5	睡眠与记忆巩固	中国	0.20	0.13	0.07	8	8	8	7	9	6	15	5	8	0.09	0.04	0.06	0.01	0.05	0.03
		美国	1.90	0.94	0.96	1	1	1	1	1	1	1	1	1	0.50	0.44	0.58	0.38	0.45	0.35
6	群体决策一致性的模糊语言建模	中国	1.92	1.24	0.68	1	1	2	2	2	2	—	—	2	0.59	0.65	0.43	0.25	0.55	0.61
		美国	0.06	0.05	0.01	8	8	8	—	5	—	7	—	6	0.00	0.05	0.00	0.01	0.00	0.02
7	大数据背景下的管理学问题研究	中国	0.60	0.41	0.19	3	3	3	5	2	6	3	1	2	0.20	0.21	0.04	0.15	0.00	0.15
		美国	2.59	1.19	1.40	1	1	1	1	1	1	1	1	1	0.80	0.39	0.92	0.48	0.70	0.29
8	医疗保险中医院再入院率降低政策的效果评估	中国	0.01	0.01	0.00	19	17	21	—	17	—	21	—	13	0.00	0.01	0.00	0.00	0.00	0.01
		美国	3.24	1.67	1.57	1	1	1	1	1	1	1	1	1	0.92	0.75	0.89	0.68	0.88	0.71

续表

序号	前沿名称	国家	得分			排名									得分					
			国家研究前沿热度指数	国家贡献度	国家影响度	国家研究前沿热度指数	国家贡献度	国家影响度	指标A	指标B	指标C	指标D	指标E	指标F	指标A	指标B	指标C	指标D	指标E	指标F
9	医疗资源分配与医疗可持续性	中国	0.00	0.00	0.00	31	28	34	—	28	—	34	—	24	0.00	0.00	0.00	0.00	0.00	0.00
		美国	2.57	1.10	1.47	1	1	1	1	1	1	1	2	1	0.46	0.64	0.75	0.72	0.27	0.59
10	科学研究与教育的性别差异（女性研究）	中国	0.01	0.01	0.00	14	12	18	—	12	—	18	—	12	0.00	0.01	0.00	0.00	0.00	0.01
		美国	3.38	1.75	1.63	1	1	1	1	1	1	1	1	1	1.00	0.75	1.00	0.63	1.00	0.69
11	管理学研究的可靠性	中国	0.07	0.05	0.02	8	6	8	—	5	—	7	—	4	0.00	0.05	0.00	0.02	0.00	0.03
		美国	2.85	1.53	1.32	1	1	1	1	1	1	1	1	1	0.88	0.65	0.95	0.37	0.88	0.59

注：指标A为国家核心论文贡献度，指标B为国家核心论文施引论文贡献度，指标C为国家核心论文影响度，指标D为国家施引论文影响度，指标E为国家通讯作者核心论文贡献度，指标F为国家通讯作者施引论文贡献度；指标A、C、E为三个核心论文指标，指标B、D、F为三个施引论文指标。

在和未来的优势领域。在农业、植物学和动物学,生态与环境科学,地球科学,生物科学和物理科学5个领域,中国进入了创新行列。

在经济学、心理学及其他社会科学领域,临床医学领域,天文学与天体物理学领域,中国仅有个别前沿进入创新卓越状态,多数前沿尚未进入创新前列,仍处在创新行列或创新追赶状态,甚至个别前沿处于空白。相对来说,经济学、心理学及其他社会科学领域的表现优于其他两个领域,约有一半的前沿进入了创新行列;临床医学领域和天文学与天体物理学领域则有70%以上的前沿仍处于创新追赶状态。

通过以上分析,建议我国在落实全面加强基础研究政策过程中要分类施策,深入分析每个学科的整体短板和具体前沿短板。在学科上全面加强布局,对需要填补的空白,坚决填补,不留死角;对创新追赶类的学科和方向要查摆原因,找出弱点,强体强基,对标猛追;对于创新前列类的学科和方向,总结优势,持续支持,培育卓越;对于创新卓越类学科和方向,战略聚焦,营造生态,产出原创。

参考文献

[1] de Solla Price D J. Networks of scientific papers: the pattern of bibliographic references indicates the nature of the scientific research front. Science, 1965, 149 (3683): 510-515.
[2] 中国科学院科技战略咨询研究院.《2018 研究前沿》报告. http://www.casisd.cn/zkcg/zxcg/201811/P020181129369058326386.pdf [2018-11-29].
[3] 中国科学院科技战略咨询研究院.《2018 研究前沿热度指数》报告. http://www.casisd.cn/zkcg/zxcg/201811/P020181129513611091391.pdf [2018-11-29].

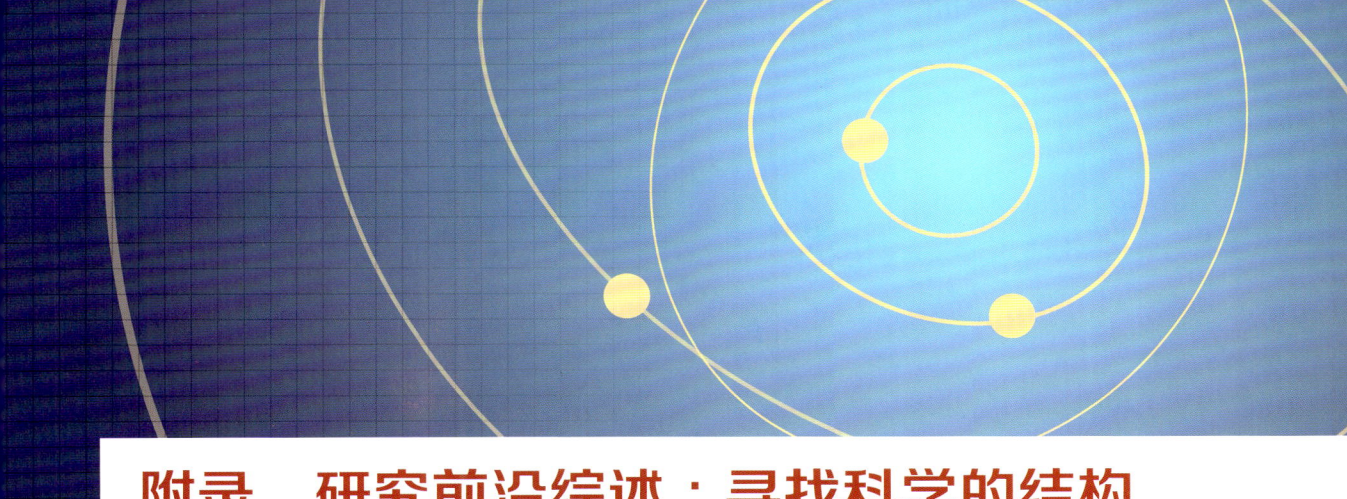

附录 研究前沿综述：寻找科学的结构

作者：David Pendlebury

Eugene Garfield 于 1955 年第一次提出科学引文索引概念之际，即强调了引文索引区别于传统学科分类索引的几点优势[1]。因为引文索引会对每一篇文章的参考文献做索引，检索者就可以从一些已知的论文出发，去跟踪新近出版的引用了这些已知论文的论文。此外，无论是顺序还是回溯引用论文，引文索引都是高产与高效的。

因为引文索引是基于研究人员自身的见多识广的判断，并反映在他们文章的参考文献中，而图书情报索引专家对出版物的内容并不如作者熟悉，只靠分类来做索引。Garfield 将这些作者称作"引文索引部队"，同时他认为这种索引是一张"创意联盟索引"。他认为引文是各种思想、概念、主题、方法的标志："引文索引可以精确地、毫不模糊地呈现主题，不需要过多的解释，并对术语的变化具备免疫力。"[2] 除此之外，引文索引具有跨学科属性，打破了来源文献覆盖范围的局限性。引文所呈现出的联系不局限于一个或几个领域——这种联系遍布整个研究世界。对科学而言，自学科交叉被公认为研究发现的沃土，引文索引便呈现出独特的优势。诺贝尔奖得主 Joshua Lederberg 是 Garfield 这一思想较早的支持者，他在自己的遗传学研究领域与生物化学、统计学、农业、医学的交叉互动中受益匪浅。Science Citation Index（现在的 Web of Science）创建于 1964 年，至 2018 年已有 54 个年头[3]。虽然 Science Citation Index 经过很多年才被图书情报人员以及学术圈完全认可，但是引文索引理念的影响力以及它在操作过程中产生的实质作用是无法被否认的。

虽然 Science Citation Index 的主要用途是信息检索，但是从其诞生之初，Garfield 就很清楚他的数据可以被利用来分析科学研究本身。首先，他意识到论文的被引频次可以界定"影响力"显著的论文，而这些高被引论文的聚类分析结果可以指向具体的领域。不仅如此，他还深刻理解到大量的论文之间的引用与被引用揭示了科学的结构，虽然它极其复杂。他发表于 1963 年的一篇论文 Citation Indexes for Sociological and Historical Research，论述了利用引文分析客观探寻研究前沿的方法[4]。这篇文章背后的逻辑与利用引文索引进行信息检索的逻辑如出一辙：引文不仅仅体现了智力活动之间的相互连接，还体现了研究者社会属性的相互联系，它是研究人员做出的智力判断，反映了学术领域学者行为的高度自治与自律。Garfield 在 1964 年与同事 Irving H. Sher 及 Richard J. Torpie 第一次将在引文关系佐证下指向的具备影响力的相关理论按时期进行线性描述，制作出 DNA 的发现过程及其结构研究的一幅科学历史脉络图[5]。Garfield 清楚地看到引文数据是呈现科学结构的最好素材。到目前为止，除了利用引文数据绘制了特定研究领域的历史图谱外，尚未出现一幅展示更为宏大的科学结构的图谱。

在这个领域，Garfield 并不孤独。同期，物理学、科学史学家 Derek J. de Solla Price 也在试图探寻科学研究的本质与结构。作为耶鲁大学的教授，他首先使用科学计量方法对科学研究活动进行了测量，并且分别于 1961 年与 1963 年出版了两本颇具影响的书，证明了为什么 17 世纪以来无论是研究人员数量还是学术出版数量都呈现指数增长态势[6,7]。但是在他的工作中鲜有对科学研究活动本身的统计分析，因为在他不知疲倦的探究之路上，获取、质询、解读研究活动的想法还没有提上日程。de Solla Price 与 Garfield 正是在此时相识了。de Solla Price，这位裁缝的儿子，收到了来自 Garfield 的数据，他这样描述当时的情景："我从 ISI 计算机房的剪裁板上取得了这些数据。"[8]

1965 年，de Solla Price 发表了《科学研究论文网络》一文，文中利用了大量的引文分析数据描述他所定义的"科学研究前沿"的本质[9]。之前，他使用"研究前沿"这个词语时采用的是其字面意思，即某些卓越科学家在最前沿所进行的领先研究。但是在这篇论文中，他以 N 射线研究为例（该研究领域的生命周期很短），基于按时间顺序排列的论文及其互引模式构成的网络，从出版物的密度以及不同时期活跃度的角度对研究前沿进行了描述。de Solla Price 观察到研究前沿是建立在新近发表的"高密度"论文上的，这些论文之间呈现出联系紧密的网状关系图。

"研究前沿从来都不是像编织那样一行一行编出来的。相反，它常常被漏针编织成小块儿或者小条儿。这些'条'被客观描述成'主题'，对'主题'的描述虽然随着时间推移会发生巨大变化，但是作为智力活动的内在含义保持了相对稳定性。如果有人想探寻这种'条'的本质，也许就会指向一种勾勒当前科学论文'地形图'的方法。这种'地形图'形成过程中，人们可以通过期刊在地图中的位置以及在'条'中的战略中心地位来识别期刊（实际上是国家、个人或单篇论文）的共同点及各自相对的重要性。"[10]

时间到了 1972 年，年轻的科学史学者 Henry Small 离开位于纽约的美国物理学会，加入费城的美国科技信息所，他加入的最初动机是希望可以利用 Science Citation Index 的数据以及题名和关键词的价值。但是很快他就调整了方向，把注意力从"文字"转向了"文章间相互引用行为"，这种转变背后的动机与 Garfield 和 de Solla Price 不谋而合：引文的力量及其发展潜力。1973 年，Small 在 Garfield 1955 年介绍引文思想论文的基础上，开拓出了自己全新的方向，发表了论文 Co-citation in the Scientific Literature: A New Measure of Relationship Between Two Documents，这篇论文介绍了一种新的研究方法——"共被引分析"，将描述科学学科结构的研究带入了一个新的时期[11]。Small 利用两篇论文共同引用的次数来描述这两篇论文的相似程度，换句话说就是统计"共被引频率"来确认相似度。

他利用当时新发表的粒子物理领域的论文分析来阐述自己的方法。Small 发现，这些通过"共被引"联系在一起的论文常常在研究主题上有高度的相似度，是相互关联的思想集合。他认为基于论文被引用频率的分析，可以用来寻找领域中关键的概念、方法和实验，是进行"共被引分析"的起点。前者用客观的方式揭示了学科领域的智力、社会和社会认知结构。像 de Solla Price 做研究前沿的研究一样，Small 将最近发表的通过引用关系紧密编织在一起的论文聚成组，接着通过"共被引"分析，发现分析结果指向了自然关联在一起的"研究单元"，而不是传统定义的"学科"或较大的领域。Small 将"共被引分析"比作一部完整的电影，而不是一张孤立的图片，以表达他对该方法潜力的极大信任。他认为，通过重要论文间的相互引用模式分析，可以呈现某个研究领域的结构图。这幅结构图会随着时间的推移而发生变化，通过研究这种不断变化的结构，"共被引分析"可以帮助我们跟踪科学研究的进展，以及评估不同研究领域的相互影响程度。

还有一位值得注意的科学家是俄罗斯研究信息科学的 Irina V. Marshakova-Shaikevich。她也在 1973 年提出了"共被引分析"的思想[12]。但是 Small 与 Marshakova-Shaikevich 并不了解彼此的工作，因此他们的工作可以被看作是相互独立、不谋而合的研究。科学社会学家 Robert K. Merton 将这种现象称作"共同发现"，这在科学史上是非常常见的现象，而很多人却没有意识到这种常见现象的存在[13,14]。Small 与 Marshakova-Shaikevich 都将"共被引分析"与"文献耦合"现象进行了对比，后者是 Myer Kessler 于 1963 年阐释的思想[15]。

"文献耦合"也是用来度量两篇论文研究内容相似程度的方法，该方法基于两篇论文中出现相同参考文献的频次来度量它们的相似程度，即如果两篇论文共同引用了同一篇参考文献，他们的研究内容就可能存在相似关系，相同的参考文献越多，相似度越大。"共被引分析"则是"文献耦合"分析的"逆"方向：不用两篇文章共同引用的参考文献频次做内容相似度研究的线索，而是将"共同被引用"的参考文献聚类，通过"共被引分析"度量这些参考文献的相似度。"文献耦合"方法所判断两篇文章之间的相似度是"静态"的，因为当文章发表后，其文后的参考文献不会再发生变化，也就是说两篇论文之间的相似关系被固定下来了；但是"共被引"分析是一个逆过程，永远无法预知哪些论文会被未来发表的论文"共同被引用"，它会随着研究的发展发生动态的变化。Small更倾向于使用"共被引分析"，他认为这样的逆过程能够反映科学活动、科学家认知随着时间发生的变化[16]。

接下来的一年，即1974年，Small与位于费城德雷塞尔大学的Belver C. Griffith共同发表了两篇该领域里程碑式的著作，阐释了利用"共被引分析"寻找"研究单元"的方法，并且利用"研究单元"间的相似度作图呈现研究工作的结构[17,18]。虽然此后该方法有过一些重大的调整，但是它的基本原理与实施方式从来没有改变过。首先遴选高被引论文合集作为"共被引分析"的种子。将这样的高被引论文合集限定在一定规模范围内，这些论文被假定可以作为其相关研究领域关键概念的代表论文，对该领域起着重要的影响作用，作为寻找这些论文的线索，"被引用历史"成为关键点，利用引用频次建立的统计分析模型可以证明这些论文的确具有学科代表性与稳定性。一旦这样的合集被筛选出来，就要对该合集做"共被引"扫描。合集中，同时被同一篇论文引用的论文被结成对，称作"共被引论文对"，当然会出现很多结不成对的"0"结果。当很多"共被引论文对"被找到时，

接下来会检查这些"共被引论文对"之间是否存在"手拉手"的关系，举例来说：如果通过"共被引扫描"发现了"共被引论文对A和B""共被引论文对C和D""共被引论文对B和C"，那么由于论文B和C的共被引出现，"共被引论文对A和B"与"共被引论文对C和D"就被联系到一起了。我们就认为两个"共被引论文对"出现了一次交叉或者"拉手"。因为这一次交叉，就将这两个"共被引论文对"合并聚成簇，也就是说两个"共被引论文对"间只需要一次"拉手"就能形成联系。

通过调高或调低共被引强度阈值可以得到规模大小不同的"聚类"或者"群"。阈值越低，越多的论文得以聚类，形成的"群"越大，阈值过低则会形成不间断的"论文链"。如果调高阈值，就可以形成离散的专业领域，但是如果相似度阈值设得太高，就会形成太多分裂的"孤岛"。

在构建研究前沿方法中采用的"共被引相似度"计量方法以及共被引强度阈值随着时间的推移有所不同。今天我们采用余弦相似度（cosine similarity）方法计量"共被引相似度"，即用共被引频次除以两篇论文的引用次数的平方根。而"共被引强度"最小阈值是相似度0.1的余弦，不过这个值是可以逐渐调高的，一旦调高就会将大的"聚类"变小。通常如果研究前沿聚类核心论文超过最大值50时，我们就会这样做。反复试验表明这种做法能产生有意义的研究前沿。

现在我们做个总结，研究前沿是由一

组高被引论文和引用这些论文的相关论文组成的，这些高被引论文的共被引相似度强度位于设定的阈值之上。

事实上，研究前沿聚类应该同时包含两个组成部分，一部分是通过共被引找到的核心论文，这些论文代表了该领域的奠基工作；另外一部分就是对这些核心论文进行引用的施引论文，它们中最新发表的论文反映了该领域的新进展。研究前沿的名称则是从这些核心论文或施引论文的题名总结来的。ESI 数据库中研究前沿的命名主要是基于核心论文的题名。有些前沿的命名也参考了施引论文。因为正是这些施引论文的作者通过共被引决定了重要论文的对应关系，也是这些施引论文作者赋予研究前沿以意义。研究前沿的命名并不是通过算法来进行的，仔细地、一篇一篇通过人工探寻这些核心论文和施引论文，无疑会对研究前沿工作本质的描述更加精确。

Garfield 这样评价 Small 与 Griffith 的工作："他们的工作是我们的飞行器得以起飞的最后一块理论基石。"[19] Garfield——一位实干家，他将自己的理论研究工作转化成了数据库产品，无论是信息检索还是分析领域都受益良多。这个飞行器以 1981 年出版的《ISI 科学地图：生物化学和分子生物学（1978/80）》(*ISI Atlas of Science: Biochemistry and Molecular Biology, 1978/80*) 而宣告起飞[20]，可以说这本书所呈现的工作与 Small 的工作有着内在的联系。这本书分析了 102 个研究前沿，每一个前沿都包括一张图谱，包含了前沿背后的核心论文，以及多角度展示这些论文间的相互关系。每一组核心论文被详细列出，并且给出它们的被引用次数，那些重要的施引论文也会在清单中，还会基于核心论文的被引用次数给出每个前沿的相关权重。

伴随这些分析数据的还有来自各前沿专业领域的专家撰写的综述。书的最后，是这 102 个研究前沿汇总在一起的巨大图谱，显示出它们之间的相似关系。这绝对是跨时代的工作，但对于市场来说无异于一场赌博，这就是 Garfield 的个性写真。

Small 与 Griffith 于 1974 年共同发表的第二篇论文中，可以看到对不同研究前沿相似度的度量[21]。通过共被引分析构建的研究前沿及其核心论文，是建立在这些论文本身的相似度基础上的。同样，用这种方法形成的不同研究前沿之间的相似度也是可以描述的，从而发现那些彼此联系紧密的研究前沿。在他们的研究前沿图谱中，Small 与 Griffith 通过不同角度剖析、缩放数据以期接近这两个维度的研究方向。

对 Small 与 Griffith 的工作，尤其是从以上两个维度解析通过共被引分析聚类论文图谱的工作，de Solla Price 认为"看上去这是非常深奥的工作，也是革命性的突破"。他强调："他们的发现似乎预示着科学研究存在内在的结构与秩序，需要我们进一步去发现、辨识、诊断。我们惯常用分类、主题词的方式去描述它，看上去与它自然内在的结构是背道而驰的。如果我们真想发现科学研究结构的话，无疑需要分析海量的科学论文，生成巨型地图。

这个过程是动态的，不断随着时间而变化，这使得我们在第一时间就能捕捉到它的进展与特性。"[22]

在出版了另一本书和一系列综述性期刊之后[23,24]，*ISI Atlas of Science* 作为系列出版物终止于20世纪80年代。出于商业考虑，那时还有更优先的事情需要做。但是Garfield与Small继续执着地行走在科学图谱这条道路上，他们几十年来做了各种研究与实验。1985年，Small发表了两篇论文介绍他关于研究前沿定义方法的重要修正：分数共被引聚类法（Fractional Co-citation Clustering）[25]。

根据引用论文的参考文献的多少，通过计算分数被引频次调整领域内平均引用率差异，借此消除整体计数给高引用领域（如生物医药领域）带来的系统偏差。随着方法的改进，数学显得愈发重要，而在整数计数时代，数学曾被忽视。他还提出基于相似度可以将不同研究前沿聚类，这超越了单个研究前沿聚组的工作[26]。同年，Garfield与Small发表了 *The Geography of Science: Disciplinary and National Mappings*，阐述了他们研究的新进展。该论文汇集了Science Citation Index 与 Social Sciences Citation Index 数据，勾勒出全球该领域的研究状况，从全球的整体图出发，他们还进一步探索了更小分割单位的研究图谱[27]。这些宏-聚类间的关系与具体研究内容同样重要。这些关联如同丝线，织出了科学之网。

接下来的几年里，Garfield致力于发展他的科学历史图谱，并在Alexander I. Pudovkin 与 Vladimir S. Istomin 的协助下，开发了HistCite这一软件工具。HistCite不仅能够基于引用关系自动生成一组论文的历史图谱，提供某一特定研究领域论文发展演化的缩略图，还可以帮助识别相关论文，这些相关论文有可能在最初检索时没有被检索到，或者没有被识别出来。因此，HistCite不仅是一个科学历史图谱的分析软件，也是帮助论文检索的工具[28,29]。

Small继续完善着他的共被引分析聚类方法，并且试图基于某个学科领域前沿之间呈示的认知关系图谱探索更多的细节内容[30,31]。背后的驱动力是对科学统一性的强烈兴趣。为了显示这种统一性，Small展示了通过强大的共被引关系，如何从一个研究主题漫游到另一个主题，并且跨越了学科界限，甚至从经济学跨越到天体物理学[32,33]。对此Small与 E. O. Wilson 有类似的看法，后者在1998年出版的名为 *Consilience: The Unity of Knowledge* 的一书中表达了类似的思想[34]。20世纪90年代早期，Small发展了SCI-Map，这是一个基于个人计算机的论文互动图形系统[35]。后来的数年中，他将研究前沿的研究数据放到了ESI数据库中。

ESI主要用来做研究绩效分析。ESI中的研究前沿，以及有关排名的数据每两个月更新一次。这时候，Small对虚拟现实软件产生了极大的兴趣，因为这类软件可以产生模拟真实情况的三维虚拟图形，可以实时处理海量数据[36,37]。例如，

20世纪90年代末期，Small领导了一个科学论文虚拟图形项目，在桑迪亚国家实验室成功开发了共被引分析虚拟现实软件VxInsight[38,39]。

由于桑迪亚国家实验室高级研究经理Charles E. Meyers富有远见的支持，在动态实时图形化学术论文领域，该研究无疑迈出了巨大的一步，这也是一个未来发展迅速的领域。该软件可以将论文的密度及显著特征用山形描绘出来。可以放大、缩小图形的比例尺，允许用户通过这样的比例尺缩放游走在不同层级学科领域。基础数据的查询结果被突出显示，一目了然。

事实上，20世纪90年代末期对于科学图谱研究来说是一个转折点，之后，有关如何界定研究领域，以及领域间关系的可视化研究都得到了迅猛发展。全球现在有很多学术中心致力于科学图谱的研究，它们使用的方法与工具不尽相同。印第安纳大学的Katy Borner教授在其2010年出版的一本书 Atlas of Science —Visualizing What We Know 中对该领域过去10年取得的进展做了总结，当然这本书的名字听上去似曾相识[40]。

从共被引聚类生成科学图谱诞生，到今天这个领域如此繁荣，大约经历了25年的时间。很有意思的是，引文思想从产生到Science Citation Index的商业成功也大约经历了25年。当我们回顾这个进程时，清楚地看到相对于它们所处的时代来说两者都有些超前。如果说Science Citation Index面临的挑战来自图书馆界根深蒂固的传统思想与模式（进一步说就是来自研究人员检索论文的习惯性行为），那么，科学图谱，作为一个全新的领域，之所以迟迟未被采纳，其原因应归为，在当时的条件下，缺乏获取研究所需的大量数据的渠道，并受到落后的数据存储、运算、分析技术的限制。直到20世纪90年代，这些问题才得到根本解决。目前正以空前的速度为分析工作提供海量的分析数据，个人计算机与软件的发展也使个人计算机可以胜任这些分析工作。今天，我们利用Web of Science进行信息检索、结果分析、研究前沿分析、图谱生成，以及科学活动分析，它不仅拥有了用户，还拥有了忠诚的拥趸与宣传者。

Garfield与Small辛勤播种，很多年后这些种子得以生根、发芽，在很多领域迸发出勃勃生机。有人这样定义什么是了不起的人生——"在人生随后的岁月中，将年轻时萌发的梦想变成现实。"从这个角度说，他们两人不仅开创了信息科学的先锋领域，而且成就了他们富有传奇的人生。科睿唯安将继续支持并推进这个传奇的持续发展。

参考文献

[1] Garfield E. Citation indexes for science: A new dimension in documentation through association of ideas. Science, 1955, 122 (3159): 108-111.

[2] Garfield E. Citation Indexing: Its Theory and Application in Science, Technology, and Humanities. New York: John Wiley & Sons, 1979: 3.

[3] Genetics Citation Index. Philadelphia: Institute for Scientific Information, 1963.

[4] Garfield E. Citation indexes in sociological and historic research. American Documentation, 1963, 14 (4): 289-291.

[5] Garfield E, Sher I H, Torpie R J. The Use of Citation

[6] de Solla Price D J. Science Since Babylon. New Haven: Yale University Press, 1961.

[7] de Solla Price D J. Little Science, Big Science. New York: Columbia University Press, 1963.

[8] de Solla Price D J. Foreword in Eugene Garfield, Essays of an Information Scientist, Vol 3, 1977-1978. Philadelphia: Institute for Scientific Information, 1979: v-ix.

[9] de Solla Price D J. Networks of scientific papers: The pattern of bibliographic references indicates the nature of the scientific research front. Science, 1965, 149 (3683): 510-515.

[10] Ibid.

[11] Small H. Co-citation in scientific literature: A new measure of the relationship between two documents. Journal of the American Society for Information Science, 1973, 24 (4): 265-269.

[12] Marshakova-Shaikevich I V. System of document connections based on references. Nauchno Tekhnicheskaya, Informatsiza Seriya 2, 1973, 6: 3-8.

[13] Merton R K. Singletons and multiples in scientific discovery: A chapter in the sociology of science. Proceedings of the American Philosophical Society, 1961, 105 (5): 470-486.

[14] Merton R K. Resistance to the systematic study of multiple discoveries in science. Archives Européennes de Sociologie, 1963, 4 (2): 237-282.

[15] Kessler M M. Bibliographic coupling between scientific papers. American Documentation, 1963, 14 (1): 10-25.

[16] Small H. Cogitations on co-citations. Current Contents, 1992, 10: 20.

[17] Small H. Griffth B C. The structure of scientific literatures I: Identifying and graphing specialties. Science Studies, 1974, 4 (1):17-40.

[18] Griffith B C, Small H, Stonehill J A, et al. The structure of scientific literatures Ⅱ: Toward a macro-and microstructure for science. Science Studies, 1974, 4 (4):339-365.

[19] Garfield E. Introducing the ISI Atlas of Science: Biochemistry and Molecular Biology, 1978/80. Current Contents, 1981, 42: 5-13 [reprinted in Garfield E. Essays of an Information Scientist, Vol. 5, 1981-1982. Philadelphia: Institute for Scientific Information, 1983: 279-287].

[20] ISI Atlas of Science: Biochemistry and Molecular Biology,1978/80, Philadelphia: Institute for Scientific Information,1981.

[21] Ibid.

[22] See note 8 above.

[23] ISI Atlas of Science: Biotechnology and Molecular Genetics, 1981/82, Philadelphia: Institute for Scientific Information, 1984.

[24] Garfield E. Launching the ISI Atlas of Science: for the new year, a new generation of reviews. Current Contents, 1987, 1: 3-8 [reprinted in Garfield E. Essays of an Information Scientist, Vol. 10, 1987. Philadelphia: Institute for Scientific Information,1988: 1-6].

[25] Small H, Sweeney E D. Clustering the science citation index using co-citations. I. A comparison of methods. Scientometrics, 1985, 7 (3-6): 391-409.

[26] Small H, Sweeney E D, Greenlee E. Clustering the science citation index using co-citations. Ⅱ. Mapping science. Scientometrics, 1985, 8 (5-6): 321-340.

[27] Small H, Garfield E. The geography of science: disciplinary and national mappings. Journal of Information Science, 1985, 11 (4): 147-159.

[28] Garfield E, Pudovkin A I, Istomin V S. Why do we need algorithmic historiography? Journal of the American Society for Information Science and Technology, 2003, 54(5): 400-412.

[29] Garfield E. Historiographic mapping of knowledge domains literature. Journal of Information Science, 2004, 30(2):119-145.

[30] Small H. The synthesis of specialty narratives from co-citation clusters. Journal of the American Society for Information Science, 1986, 37 (3): 97-110.

[31] Small H. Macro-level changes in the structure of co-citation clusters: 1983-1989. Scientometrics, 1993, 26 (1): 5-20.

[32] Small H. A passage through science: Crossing disciplinary boundaries. Library Trends, 1999, 48 (1): 72-108.

[33] Small H. Charting pathways through science: Exploring Garfield's vision of a unified index to science // Cronin B, Atkins H B. The Web of Knowledge: A Festschrift in Honor of Eugene Garfield. Medford: American Society for Information Science, 2000: 449-473.

[34] Wilson E O. Consilience: The Unity of Knowledge. New York: Alfred A. Knopf, 1998.

[35] Small H. A SCI-Map case study: Building a map of AIDS Research. Scientometrics, 1994, 30 (1): 229-241.

[36] Small H. Update on science mapping: Creating large

document spaces. Scientometrics, 1997, 38 (2): 275-293.
[37] Small H. Visualizing science by citation mapping. Journal of the American Society for Information Science, 1999, 50 (9):799-813.
[38] Davidson G S, Hendrickson B, Johnson D K, et al. Knowledge mining with VxInsight: Discovery through interaction. Journal of Intelligent Information Systems, 1998, 11 (3): 259-285.
[39] Boyack K W, Wylie B N, Davidson G S. Domain visualization using VxInsight for science and technology management. Journal of the American Society for Information Science and Technology, 2002, 53 (9): 764-774.
[40] Börner K. Atlas of Science: Visualizing What We Know. Cambridge: The MIT Press, 2010.